AF351528

श्रीमद्भगवद्गीता और मैनेजमेंट के सिद्धांत सरल भाषा में

श्रीमद्भगवद्गीता और मैनेजमेंट के सिद्धांत सरल भाषा में

जनमानस और युवा वर्ग के लिए अत्यंत उपयोगी पुस्तक
कामयाबी की ओर ले जाने वाली सीढ़ी

दिवाकर मिश्र
B.E. MBA

ZORBA BOOKS

ZORBA BOOKS

Published by Zorba Books, June 2023
Website: www.zorbabooks.com
Email: info@zorbabooks.com

Title: **Shrimad Bhagavad Gita aur Management ke Sidhant—Saral Bhasha Mey**
Author Name: Diwakar Mishra
Copyright © Diwakar Mishra
Artist: Adarsh Yadav (University of Allahabad)
Printbook ISBN :- 978-93-95217-79-8
Ebook ISBN :- 978-93-95217-80-4

All rights reserved. No part of this book may be reproduced or transmitted in any form or by any means, electronic or mechanical, except by a reviewer. The reviewer may quote brief passages, with attribution, in a review to be printed in a magazine, newspaper, or on the Web—without permission in writing from the copyright owner.

The publisher under the guidance and direction of the author has published the contents in this book, and the publisher takes no responsibility for the contents, its accuracy, completeness, any inconsistencies, or the statements made. The contents of the book do not reflect the opinion of the publisher or the editor. The publisher and editor shall not be liable for any errors, omissions, or the reliability of the contents of the book.

Any perceived slight against any person/s, place or organization is purely unintentional.

Zorba Books Pvt. Ltd. (opc)
Sushant Arcade,
Next to Courtyard Marriot,
Sushant Lok 1, Gurgaon – 122009, India

मेरे माता-पिता एवं पत्नी चित्रा को समर्पित

माता-पिता ने एक मजबूत बुनियाद बनाई और
चित्रा ने जीवन में हर पल साथ निभाया ।

अनुक्रम

भगवद् गीता पर विश्व की प्रसिद्ध हस्तियों के विचार

1. अल्बर्ट आइंस्टीन (हमारे समय के सबसे प्रसिद्ध वैज्ञानिक):

"जब मैं भगवद् गीता पढ़ता हूँ और इस बारे में सोचता हूँ कि भगवान ने इस ब्रह्मांड को कैसे बनाया, तो बाकी सब कुछ बहुत ही बेकार लगता है।" मैंने वैज्ञानिक जाँच और अपने सिद्धांतों के निर्माण के उद्देश्य से भगवद् गीता को अपनी प्रेरणा और मार्गदर्शन का मुख्य स्रोत बनाया है।

2. महात्मा गांधी (राष्ट्रपिता):

"जब मुझे संदेह सताता है, जब निराशा मुझे घेर लेती है, जब मुझे क्षितिज पर आशा की एक भी किरण दिखाई नहीं देती है, तब मैं भगवद् गीता की ओर मुड़ता हूँ, मुझे सुकून देने वाला एक श्लोक ढूँढ़ता हूँ और मैं तुरंत भारी दुख के बीच में भी मुस्कुराना शुरू कर देता हूँ। जो लोग गीता का ध्यान करते हैं, वे हर दिन इससे नया आनंद और नए अर्थ प्राप्त करेंगे।"

3. जे. रॉबर्ट ओपेनहाइमर (अमेरिकी सैद्धांतिक भौतिक विज्ञानी जिन्हें परमाणु बम के जनक के रूप में जाना जाता है।) :

जे. रॉबर्ट ओपेनहाइमर बताते हैं कि पहला परमाणु विस्फोट देखने पर कैसे उन्होंने भगवद् गीता की एक पंक्ति का पाठ किया "अब मैं मृत्यु बन गया हूँ, दुनिया को नष्ट करने वाला।"

"हम जानते थे कि दुनिया एक जैसी नहीं होगी," ओपेनहाइमर ने 1965 में

याद किया। "कुछ लोग हँसे, कुछ लोग रोए। ज्यादातर लोग चुप थे। मुझे हिंदू ग्रंथ भगवद्गीता की पंक्ति याद आई; विष्णु राजकुमार को राजी करने की कोशिश कर रहे हैं कि उन्हें अपना कर्तव्य निभाना चाहिए और उन्हें प्रभावित करने के लिए, अपने बहु-सशस्त्र रूप धारण कर लेते हैं और कहते हैं, 'अब मैं मृत्यु बन गया हूँ, दुनिया का नाश करने वाला।'

4. हरमन हेस (जर्मन उपन्यासकार, कवि और 1946 में साहित्य में नोबल पुरस्कार के प्राप्तकर्ता):

"भगवद्गीता का चमत्कार जीवन के ज्ञान का वास्तव में सुंदर प्रकटीकरण है, जो दर्शन को धर्म में खिलने में सक्षम बनाता है।"

5. कार्ल यूँन (स्विस मनोचिकित्सक और मनोविश्लेषक):

"ऐसा लगता है कि मनुष्य एक उल्टे पेड़ की तरह है", यह विचार बीते युगों में प्रचलित रहा है। वैदिक अवधारणाओं के साथ लिंक प्लेटो द्वारा अपने तिमाईस में प्रदान किया गया है जिसमें यह कहा गया है ... "ध्यान से देखो तो हम एक सांसारिक नहीं बल्कि स्वर्गीय पौधे हैं।" कृष्ण ने भगवद् गीता के अध्याय 15 में जो व्यक्त किया है, उससे इस संबंध को समझा जा सकता है।

6. ई. श्रीधरन (टेक्नोक्रेट और भारत के मेट्रोमैन):

"कई बार मैंने विपरीत परिस्थितियों का सामना किया है। सभी समस्याओं को मैं तुरंत भगवान के चरणों में छोड़ देता हूँ। इसका हल तुरंत मिल जाता है। भगवद्गीता सर्वश्रेष्ठ प्रबंधन मैनुअल है।"

आशीर्वचन

असमंजस में पड़ा प्रत्येक व्यक्ति ही अर्जुन है। मनुष्य मन की वह स्थिति जब वह किंकर्तव्यविमूढ़ हो जाता है उसी का प्रतीकात्मक रूप अर्जुन है। गीता हमें सीख देती है कि जीवन में जब-जब अनिर्णय की स्थिति में पहुँच जाओ, आप विचारों के चौराहे पर खड़े हो जाओ और विवेक आपका साथ न दे रहा हो कि आख़िर कौन से मार्ग पर आगे बढ़ा जाए......? तब-तब आप गीता की शरण में चले जाना।

गीता हमें प्रत्येक अनिर्णय की स्थिति से बाहर निकालकर वास्तविक एवं श्रेष्ठ कर्तव्य की ओर अग्रसित करती है। गीता की शरण में जाने के बाद, अर्जुन ने कहा कि मेरा मोह नष्ट हो गया है और मैंने अपनी उस स्मृति को प्राप्त कर लिया है, जो मुझे मेरे कर्तव्यपथ का बोध कराती है।

गीता प्रबंधन पर हिंदी में पहली बार सोदाहरण विस्तृत चर्चा करते हुए श्री दिवाकर मिश्र ने सरल-सुबोध भाषा शैली में पुस्तक के विषय का आलेख तैयार किया है। श्री मिश्र की गीता प्रबन्धन पर यह पुस्तक खास तौर पर पठनीय, मननीय और संग्रहणीय बन गई है।

डा. शैलेंद्र कुमार अवस्थी
(अधिवक्ता)

(भारत सरकार के राष्ट्रपति द्वारा विधि मंत्रालय के "राज पुरस्कार", गृह मंत्रालय के "गोविंद बल्लभ पंत", शिक्षा मंत्रालय के "शिक्षा पुरस्कार",

उत्तर प्रदेश सरकार के "विधि भूषण", मानवाधिकार आयोग के प्रथम पुरस्कार, गृह मंत्रालय के प्रतिष्ठित "राजीव गाँधी ज्ञान विज्ञान पुरस्कार", से सम्मानित)

टैगोर टाउन,
प्रयागराज-211002

सनातन एकता मिशन ^(रजि0)

12/8ए, हाशिमपुर रोड (कमला नेहरू अस्पताल के सामने), इलाहाबाद (उ0प्र0), मो0 : 9450139681, 9450139682

E-mail ID : info@sanatan.org.in   Website : www.sanatan.org.in

पत्रांक ....

दिनांक 20.02.23

श्रीयुत, दिवाकर मिश्रा जी

प्रस्तुत ग्रंथ में श्रीयुत दिवाकर मिश्र द्वारा श्रीमद्भगवद् गीता को व्यावहारिक जीवन में किस प्रकार समाहित किया जाये इसका विस्तृत विवेचन किया गया है।

ईश्वर : परम : कृष्ण : सच्चिदानन्द विग्रहः।
अनादि रादिर्गोविन्द :, सर्व कारण कारणम् ।।

अर्थात् कृष्ण ही सत्चित् तथा आनन्द है और वे ही समस्त कारणों के कारण , आदि अनादि और गोविन्द है।

प्रस्तुत ग्रंथ में बहुत ही सरल शब्दों में रूचिकर ढंग से विरूपण करते हुये जनकल्याण की भावना से ग्रंथ की रचना श्रीयुत दिवाकर मिश्र जी ने किया है, इसके लिये श्री मिश्र जी को सादर साधुवाद व धन्यवाद।

जनकल्याण की कामना से यह विरचित ग्रंथ जनमानस के लिये अत्यन्त कल्याणकारी होगा।

सर्वे भवन्तु सुखिन :, सर्वे सन्तु निरामया।
सर्वे भद्राणि पश्यन्तु, मा कश्चिद दुख भाग भवेत।।

देवराज पाठक
संरक्षक
सनातन एकता मिशन

आभार

मेरा जन्म उत्तर प्रदेश में, प्रतापगढ़ जिले के एक छोटे से गाँव नीमासराय में हुआ था। मेरे दादाजी पं.शुकदेव मिश्र एक प्रसिद्ध शास्त्री, वेदों तथा उपनिषदों के ज्ञाता थे। मेरे पिता श्री ब्रह्मचारी मिश्र छह भाइयों में सबसे छोटे थे। मेरी माँ श्रीमती शारदा मिश्रा प्रतापगढ़ के गाँव खरहर के एक जमींदार परिवार से थीं। मेरे बड़े नाना (स्वर्गीय) पं. भगवानदीन पाण्डेय जी धार्मिक, दयालु, निःस्वार्थ और महान आत्मा थे। मेरे नाना (स्वर्गीय) श्री अवधनारायण पाण्डेय, तीन भाइयों में सबसे छोटे और एक महान शिवभक्त थे। मैंने अपने ननिहाल में हमेशा पूजा-पाठ और धार्मिक माहौल देखा और वहीं मेरे मानस में अध्यात्म के बीज बो दिए गए थे।

जल्द ही मेरे पिता हम सभी को रेणुकूट ले आए। मेरा बचपन पहाड़ों से घिरे खूबसूरत शहर रेणुकूट की हरी-भरी वादियों में बीता। इंटर तक की सारी पढ़ाई यहीं से हुई। गर्मी की छुट्टियों में हम गाँव चले जाया करते थे। हमारा एक संयुक्त परिवार था जिसमें कई भाई-बहन थे। हम गाँव में खूब खेलते और मस्ती करते थे। मेरे बड़े ताऊ जी (स्वर्गीय) श्री रामकुमार मिश्र जी दूरदर्शी थे और अपने समय से बहुत आगे देखते थे। उन्होंने परिवार में शिक्षा की लौ जलाई और सभी को उच्चशिक्षा प्राप्त करने के लिए प्रेरित किया। नतीजा यह है कि आज हमारा परिवार और बच्चे देश के कई महानगरों में उच्च पदों पर कार्यरत हैं और बस गए हैं। कई अमेरिका, कनाडा और ऑस्ट्रेलिया में बस गए हैं। हमारे परिवार में डॉक्टर, इंजीनियर, वकील, चार्टेड अकाउंटेंट और फैक्ट्री मालिक सब हैं।

हमारा परिवार, बच्चे और आने वाली पीढ़ियाँ ताऊजी श्री रामकुमार मिश्र जी की सदैव ऋणी रहेंगी और उनका नाम बड़े सम्मान से लेंगी।

ताऊजी के ज्येष्ठ पुत्र और हम सब भाई बहनों में सबसे बड़े भाई, श्री विजय नारायण मिश्र ने न सिर्फ उच्च शिक्षा हासिल की बल्कि जीवन में सफलता के नए-नए आयाम गढ़े। उन्होंने असम्भव को भी सम्भव करके दिखाया। मैंने जीवन भर उनका अनुसरण किया और आगे बढ़ने की चेष्टा की। उनका व्यक्तित्व न सिर्फ हमारे लिये बल्कि आने वाली पीढ़ियों के लिए हमेशा प्रेरणास्रोत बना रहेगा।

मेरी शिक्षा रेणुकूट के हिंडाल्को स्कूल से हुई। मेरे व्यक्तित्व का निर्माण भी यहीं हुआ। हमारे शिक्षकों ने न सिर्फ हमें शिक्षा दी बल्कि अनुशासन में रहना भी सिखाया। जीवन के संस्कार इन्हीं शिक्षकों से मिले। हमारे गुरु पंडित लक्ष्मी नारायण त्रिपाठी जी, श्री श्यामशंकर द्विवेदी जी, (स्वर्गीय) श्री शोभनाथ पाण्डेय जी, (स्वर्गीया) वर्मा बहन जी आदि सभी ने मेरे जीवन को संवारा, ज्ञान दिया और कठिन समय में साहस रखना सिखाया। आज मैं जिस भी मुकाम पर पहुँचा हूँ, मेरी सारी उपलब्धियाँ इन्हीं शिक्षकों की वजह से हैं। मैं हृदय की गहराइयों से उनके प्रति आभार व्यक्त करता हूँ, नमन करता हूँ।

रेणुकूट, महान उद्योगपति श्रीयुत घनश्याम दास बिरला जी द्वारा स्थापित एल्युमीनियम कंपनी हिंडाल्को इंडस्ट्रीज के लिए प्रसिद्ध है। रेणुकूट, रिहंद बांध के पास स्थित है और चारों ओर से विंध्य श्रृंखला की खूबसूरत पहाड़ियों से घिरी हुई है। मैं, रेणुकूट के प्राकृतिक वातावरण और हिंडाल्को परिवार के प्यार भरे परिवेश में पला-बढ़ा हूँ। मुझे बचपन में बहुत अच्छे दोस्तों का साथ मिला, जिनके साथ खेलकर मैं बड़ा हुआ। मित्र वीरेंद्र सिंह बैद, शेखर अग्रवाल, दिनेश जैन, राकेश शुक्ला, अखिल शर्मा और सुनील परवाल, आदि सभी की सूची बहुत लंबी है। इन सभी ने मेरे जीवन में अनगिनत रंग भरे। अगर मेरे जीवन में ये मित्र नहीं आते, तो जीवन एक ब्लैक-एंड-व्हाइट आर्ट फिल्म की तरह होता। मैं सभी दोस्तों का शुक्रगुजार हूँ।

36 वर्षों की नौकरी सफलतापूर्वक पूर्ण करने के बाद, घर इलाहाबाद आ गया। यहाँ मैंने कुछ संस्थाओं के साथ काम किया और कोचिंग सेंटर्स

में भी पढ़ाया। मुझे मन की शांति नहीं मिल रही थी। एक दिन मेरी बेटी राजश्री ने मुझसे पूछा पापा क्या कर रहे हैं? मैंने उसे सब कुछ बताया फिर उसने मुझसे कहा कि पापा रिटायरमेंट के बाद आपको वह काम करना चाहिए जिसके लिए आपके मन में गहरी इच्छा थी लेकिन जिम्मेदारियों और व्यस्त कामकाजी जीवन के कारण नहीं कर सके। रिटायरमेंट के बाद अब आप उन्हें पूरी कर सकते हैं। समाज की भलाई के लिए कुछ बड़ा करें। भगवद्गीता के प्रति मेरा विशेष झुकाव हमेशा रहा है लेकिन इसे समझना कठिन होने के कारण यह हमेशा रहस्यमयी सी लगती थी। मेरी बेटी ने मुझे प्रेरित किया कि आप आम आदमी के लिए और विशेषकर युवावर्ग के लिए सरल भाषा में भगवद्गीता लिखिए, तब मैंने भगवद्गीता को सरल भाषा में लिखने और युवाओं के समझने के लिए, उसमें छिपी हुई प्रबंधन की अवधारणाओं को सामने लाने का फैसला लिया। इस किताब के लेखन में मेरी बेटी राजश्री और बेटे अनंत ने बहुत सहयोग किया है।

मेरे श्वसुर (स्वर्गीय) पं. ओंकार नाथ द्विवेदी जी प्रतापगढ़ के विधायक और बेहद सम्मानित शख्सियत थे। वे स्वभाव से धार्मिक और आध्यात्मिक पुस्तकों में विशेष रुचि रखते थे। मैंने उनके संग्रहों में से कई ग्रंथों का उपयोग, इस लेखन में किया है। मेरी सास (स्वर्गीया) श्रीमती राज द्विवेदी एक धर्मपरायण महिला थीं। उन्हें रामायण, पुराणों और वेदों का गहरा ज्ञान था। हम विभिन्न धार्मिक विषयों पर चर्चा करते रहते थे। अध्यात्म में मेरी आस्था को और अधिक दृढ़ रखने के लिए मैं इन दोनों का ऋणी हूँ।

मैं दिल्ली के हरि मोहन शर्मा (उर्फ बब्बू) का आभारी हूँ, जो मेरे छोटे भाई दिनेश के साढ़ू हैं। मैंने अपने जीवन में इतना निस्वार्थ और साफ दिलवाला इंसान नहीं देखा है। मैंने उनके व्यक्तित्व से बहुत कुछ सीखने की कोशिश की है। मैं एक बार पुन: उनके प्रति आभार व्यक्त करता हूँ।

मै रायबरेली के अभिन्न मित्र ज्योति मोहन श्रीवास्तवा (J M Srivastava) का आभारी हूँ जिन्होंने जीवन में हमेशा मेरा साथ दिया और इस लेखन कार्य में उत्साहवर्धन भी किया।

बेटी से प्रेरणा लेकर मैंने गीता पर लिखना शुरू किया। मुझे किताब लिखने का कोई सिर-पैर नहीं सूझ रहा था। ऐसे समय डॉ. शैलेंद्र कुमार अवस्थी (Advocate), जो संविधान विशेषज्ञ हैं और स्वयं कानून पर ९० से

अधिक पुस्तकें लिख चुके हैं, मेरा मार्गदर्शन करने आगे आए। उन्होंने मुझे इस कार्य के लिए रास्ता सुझाया और उत्साहवर्धन भी किया। मैंने लिखना शुरू किया और इसे पूरा होने में लगभग दो साल लग गए। मैं डॉ. शैलेंद्र कुमार अवस्थी जी का उनके पूर्ण समर्थन और रचनात्मक मार्गदर्शन के लिए हृदय से आभार व्यक्त करता हूँ।

सनातन एकता मिशन के संरक्षक श्री देवराज पाठक द्वारा प्राप्त शुभाशीष संदेश ने हृदय द्रवित एवं अभिभूत कर दिया है, शब्दों द्वारा उनका आभार व्यक्त करना मेरे लिए सम्भव नहीं है। इसी प्रकार का सहयोग मुझे जीवन पर्यंत मिलता रहे, यही प्रार्थना करता हूँ।

मैं अपने परिवार के सदस्यों का आभारी हूँ जिन्होंने मेरे लेखनकार्य में पूर्ण सहयोग दिया। राजश्री एवं अजय (बेटी और दामाद), अनंत (पुत्र), दिनेश एवं कृतिका (छोटा भाई और उसकी पत्नी), अदित एवं अनघ (भतीजे), तथा चित्रा (मेरी धर्मपत्नी) का मैं विशेषकर कृतज्ञ हूँ जिन्होंने हर प्रकार से मेरा उत्साह बढ़ाया और सहायता की। राजश्री और अनंत ने इस लेखन में लगातार कार्य किया और कठिन मुद्दों को हल करने के लिए शोध सामग्री तैयार की। अजय ने पुस्तक की रूपरेखा तैयार की और प्रबंधन विषयों पर विशेष योगदान दिया।

पुस्तक लेखन व प्रकाशन में, मैं सभी सुधीजनों के सहयोग के लिए धन्यवाद प्रेषित करता हूँ। मैं बहुत खुशी और आदर के साथ आप सब के प्रति कृतज्ञता व्यक्त करता हूँ और आशा करता हूँ कि इसी तरह आपका स्नेह, सहयोग, मार्गदर्शन सदैव मुझे मिलता रहेगा।

अनेक विद्वानों द्वारा रचित ज्ञान के भंडार में से उपलब्ध साहित्य ही मेरे लेखन का स्रोत बना; इनमें से कुछ ग्रंथों की संदर्भ-सूची पुस्तक के अन्त में दी गई है। विश्व प्रसिद्ध प्रबंधन विशेषज्ञ और महान प्रेरक वक्ता शिव खेड़ा जी और डॉ विवेक बिंद्रा जी की पुस्तकों और व्याख्यान वीडियो के ज्ञान बैंक मेरे लेखन में बहुत उपयोगी रहे। मैं उनका बहुत एहसानमंद हूँ और तहेदिल से उनका आभार व्यक्त करता हूँ। रामानंद सागर के कृष्णावतार धारावाहिक का गीता उपदेश अंश भी ज्ञान का स्रोत बना। रामानंद सागर स्वयं कृष्णभक्त हैं। मैं उनका विशेष आभारी हूँ। मैं इन सभी विद्वानों और ज्ञानियों के प्रति विनयपूर्वक कृतज्ञता व्यक्त करता हूँ।

इस पुस्तक में दिए गए कई सिद्धांत और व्याख्याओं के स्वरूप इन ज्ञान गंगाओं पर आधारित हैं।

मुझे आशा है, यह छोटी सी किताब आम जनमानस और युवा वर्ग के लिए उपयोगी सिद्ध होगी जो यह जानना चाहते हैं कि वास्तव में भगवद् गीता में क्या कहा गया है। इसके ज्ञान से मन अनुशासित रहता है और विवेकशील होकर जीवन को संतुलित बनाते हुए मनुष्य को सफलता की ऊँचाइयों पर ले जाता है। मुसीबत में यह सोचने की प्रक्रिया को मजबूत करता है, साहस का संचार करता है और आगे बढ़ने का सही रास्ता दिखाता है। यह जीवन के उद्देश्य और लक्ष्य की प्राप्ति का एक सुगम और सरल साधन है। मुझे पूर्ण विश्वास है कि मेरा प्रयास अवश्य सफल सिद्ध होगा।

दिवाकर मिश्र
18-बी, टैगोर टाउन,
प्रयागराज-211002

प्रस्तावना

श्रीमद् भगवद् गीता के बारे में एक बड़ा सुंदर श्लोक है।

सर्वोपनिषदो गावो दोग्धा गोपाल नंदनः ।
पार्थो वत्सः सुधीर्भोक्तादुग्धं गीतामृतः महत् ॥

सभी उपनिषद गायों के समान हैं। उन शास्त्र रूपी गायों के थनों से जो ज्ञान रूपी दूध निकला है, वही गीता है। इस ज्ञान रूपी दूध को दोहने वाले श्री कृष्ण हैं। अर्जुन बछड़े के समान हैं जो कृष्ण रूपी ग्वाले की सहायता से यह गीता का अमृत रूपी दूध पी रहा है।

श्रीमन्द्रभगवद् गीता ज्ञान, भक्ति और कर्म की एक गंगा है, जो सदियों से इस धरती पर बह रही है। भगवद् गीता की उत्पत्ति एक बहुत ही नाटकीय क्षण में हुई थी। यह वह क्षण था, जब कौरवों और पांडवों की महान सेनाएँ युद्ध के लिए कुरुक्षेत्र में आमने-सामने खड़ी थीं और पांडवों के सर्वश्रेष्ठ योद्धा अर्जुन ने युद्ध करने से इनकार कर दिया था। अर्जुन कायर नहीं थे। उन्होंने हजारों युद्ध लड़े थे, लेकिन कुरुक्षेत्र में अज्ञान, ममता और मोह के कीचड़ में फँसकर वे किंकर्तव्यविमूढ़ हो गए थे। जैसे एक राजहंस कीचड़ फँसकर बाहर नहीं निकल सकता, वही अवस्था उस समय अर्जुन की थी। इसी क्षण, भगवान श्रीकृष्ण ने स्वयं कमान संभाली और अपनी प्रेरक शिक्षाओं की शक्ति से, अर्जुन को घोर निराशा की स्थिति से उठाकर आत्मविश्वास की स्थिति तक पहुँचाया, जो कि अंत में जाकर विजयी हुए। भगवान कृष्ण की अद्भुत शिक्षाओं ने अर्जुन को कायरता, बेचैनी, गिरे

हुए मनोबल और गहरे मानसिक अवसाद की अवस्था से निकालकर दृढ़ आत्मविश्वासी, संदेहरहित और निर्भीक बना दिया।

इस तरह भगवद्गीता की उत्पत्ति हुई। यह ज्ञान, यह दर्शनशास्त्र केवल अर्जुन के लिए नहीं, बल्कि हम सब के लिए है, पूरी मानव जाति के लिए है क्योंकि अर्जुन की तरह हर व्यक्ति के जीवन में ऐसे क्षण आते हैं, जब उसके लिए यह तय करना मुश्किल हो जाता है कि उस समय क्या करना सही है और उसका उचित कर्तव्य क्या है। प्रत्येक जीव के जीवन में उसका उत्तरदायित्वक्षेत्र और कर्तव्यक्षेत्र ही उसका कुरुक्षेत्र है।

हम जब अपने जीवन के कुरुक्षेत्र का सामना करते हैं तो अर्जुन की तरह, हर कदम पर हमें यह तय करना होता है कि हमें क्या करना है और क्या नहीं करना है। भगवान श्रीकृष्ण ने इन विषम परिस्थितियों का सामना करने और सही निर्णय लेने के लिए भगवद्गीता दी है। भगवद्गीता के ज्ञान के बल पर मनुष्य कठिन परिस्थितियों पर विजय प्राप्त कर सफलता की ऊँचाइयों को छू सकता है।

प्रबंधन की सभी अवधारणाएँ जैसे नेतृत्व करना, निर्णय लेने की क्षमता, दूरदृष्टि, कार्य योजना, उचित संवाद, प्रेरणा, समन्वय, समूह संगठन, कार्य और नैतिकता आदि सभी बड़े करीने से भगवद्गीता में समाहित हैं। भौतिकवादी सोच के आधार पर पश्चिमी प्रबंधन के विचार जैसे पूरा ध्यान फायदे पर, कैरियर के लिये गला-काट प्रतिस्पर्धा, कर्मचारियों को एक वस्तु मात्र समझना, प्रायः भर्ती और छँटनी करना आदि-आदि पर आधारित हैं। भगवद् गीता की शिक्षाएँ मानव सोच के जमीनी स्तर से मुद्दों से निपटती हैं। समृद्धि का पश्चिमी विचार, व्यक्तिगत जीवन की बेहतरी सुनिश्चित करने के लिए, पर्याप्त प्रेरणा नहीं प्रदान कर सका लेकिन एक बार मनुष्य की सोचने की प्रक्रिया में सुधार हो जाने के बाद, यह उसके कार्यों और परिणामों की गुणवत्ता को अपने आप बढ़ा देगा। भगवद् गीता में सभी समस्याओं का समाधान है। भगवद् गीता में, "निष्काम कर्म" के माध्यम से जीवन को प्रेरित करने और पुनर्स्थापित करने के लिए सुझाया गया है जो निःस्वार्थ कार्य करने की प्रक्रिया पर आधारित है।

भगवद्गीता जीवन के गहरे सार्वभौमिक सत्य को सिखाती है। यह सभी समस्याओं का समाधान है और निरंतर प्रेरणा और नेतृत्व निर्माण का स्रोत

है। यह पूरी मानव जाति के लिए एक व्यापक दार्शनिक विचार है। शोधों और अध्ययनों ने यह साबित कर दिया है कि गीता के ज्ञान में आधुनिक प्रबंधन के सभी सिद्धांत समाहित हैं जो आज की दुनिया और आने वाले समय के लिए भी प्रासंगिक हैं। यह विश्व के कई संस्थानों और कॉर्पोरेट जगत द्वारा अत्यधिक मान्यता प्राप्त है और अपनाया गया है।

हालांकि भगवद्गीता के सभी 700 श्लोक ज्ञान के रत्न हैं लेकिन वर्तमान अध्ययन में, मैंने अपनी समझ के अनुसार, लगभग 60 श्लोकों का चयन किया है, जिनमें प्रबंधन अवधारणाएँ शामिल हैं जिन्हें मैंने अध्यायवार समझाने की कोशिश की है। मैंने श्लोकों को प्रासंगिक प्रबंधन तकनीकों से जोड़ने का प्रयास किया है। जोड़ने (Linkage) की स्पष्टता और बेहतर समझ के उद्देश्य से प्रबंधन के बुनियादी ज्ञान पर दोबारा गौर करने की जरूरत है। इसलिए, मुख्य प्रबंधन तकनीकों और गुणों पर एक संक्षिप्त लेख नीचे दिया जा रहा है।

प्रबंधन क्या है?

प्रबंधन एक पेशा (Profession) है। इसके पेशेवर हैं, जो एक पेशे के रूप में प्रबंधन का अभ्यास करते हैं। जैसे डॉक्टर चिकित्सा का अभ्यास करते हैं, वकील कानून का अभ्यास करते हैं, प्रबंधक प्रबंधन का अभ्यास करते हैं। प्रबंधक की प्राथमिक चिंता संगठन या वह कंपनी है जिसके साथ वह काम करता है। प्रबंधक चाहे निजी क्षेत्र, सार्वजनिक क्षेत्र या बहुराष्ट्रीय कंपनी के लिए काम करता हो; वहाँ वह कार्यकारी निदेशक हो या कार्यकारी निदेशक को रिपोर्ट करने वाला कार्मिक प्रबंधक, उसके दिमाग में हमेशा अपनी कंपनी का समग्र दृष्टिकोण होता है और उसके सभी कार्य कंपनी के उद्देश्यों द्वारा निर्देशित होते हैं और सबसे महत्वपूर्ण है कि – 'वह परिणाम के लिए जिम्मेदार होता है'।

प्रबंधक की तुलना, जहाज के एक कप्तान से की जा सकती है, जिसे गंतव्य तक पहुँचने के लिए पहले जहाज का मार्ग निर्धारित करना होता है और फिर उसी मार्ग के साथ जहाज को चलाना होता है। इसी तरह एक प्रबंधक को सबसे पहले उन लक्ष्यों को निर्धारित करना होता है जिन्हें

कम्पनी को पूरा करना है। लक्ष्य उस दिशा को प्रदान करते हैं जिसमें कम्पनी को आगे बढ़ना है। लक्ष्यों पर निर्णय लेने के बाद, यह सुनिश्चित करने के लिए कि वह वांछित दिशा में आगे बढ़ रही है, प्रबंधक को कम्पनी की प्रगति और गतिविधियों की लगातार निगरानी करनी चाहिए। यह प्रत्येक प्रबंधक का पहला और सबसे महत्वपूर्ण कार्य है।

वास्तव में सभी कार्यों को करने और जिम्मेदारियों का निर्वहन करने के लिए, प्रबंधक को प्रबंधन में शामिल विभिन्न प्रणालियों और प्रक्रियाओं को समझना चाहिए। इससे कोई फर्क नहीं पड़ता कि आप एक निजी कंपनी, एक सार्वजनिक क्षेत्र की कंपनी या यहाँ तक कि गैर-वाणिज्यिक संगठन के प्रबंधक हैं। प्रबंधन की अनिवार्यता समान रहती है। प्रबंधन प्रक्रिया में शामिल हैं - 1. योजना, 2. आयोजन, 3. नियंत्रण, 4. प्रेरक और अग्रणी रहना 5. निर्णय लेना।

अच्छे नेताओं के सार्वभौमिक गुण:

जब हम इतिहास में उत्कृष्ट नेताओं का अध्ययन और विश्लेषण करते हैं, जिन्होंने मानव जाति, एक राष्ट्र, एक संगठन या एक कारण के लिए कुछ स्थायी भलाई करके अपनी छाप छोड़ी है, तो हम पाते हैं कि वे सभी प्रकार के तबके और श्रेणी से आते हैं - तेजतर्रार, विद्वान, कलात्मक, तपस्वी, मिलनसार और बैरागी। फिर, जब हम उनके व्यक्तित्व में गहराई से देखते हैं कि क्या उनकी बनावट (Making) में कुछ सार्वभौमिक (Universal) है, तो पाते हैं कि वास्तव में ऐसा ही है। ऐसे प्रभावशाली व्यक्ति, विश्व के किसी भी क्षेत्र से संबंध रखते हों या फिर इतिहास के किसी भी युग में पैदा हुए हों, दुनिया से जाने के बाद भी वे अपना स्थायी प्रभाव छोड़ जाते हैं और लोगों के दिलो-दिमाग पर हमेशा सकारात्मक और प्रेरणादायक प्रभाव डालते रहते हैं। प्रभावशाली नेताओं में दो बातें समान रूप से होती हैं जो कि चर्चा के योग्य हैं।

प्रथम तो यह कहा जा सकता है कि वे अपने सम्पूर्ण व्यक्तित्व में सच्चे अर्थों में "सज्जन" (Gentlemen) थे। यह ध्यान रखना दिलचस्प है कि "सज्जन पुरुष" और गीता में वर्णित "स्थितप्रज्ञ" यानि स्थिर मन वाला व्यक्ति, दोनों की परिभाषा वस्तुत: एक ही है।

दूसरे, प्रत्येक उत्कृष्ट नेता के भीतर एक आंतरिक कठोर तह (Inner Hard Core) होती है जो कुछ सार्वभौमिक गुणों से बनी होती है। यदि हम इन सदगुणों को एक साथ जोड़ दें, तो जो एकीकृत संरचना उभरती है, उसे चित्र 1 और चित्र 2 के रूप में आरेखीय रूप से दिखाया गया है।

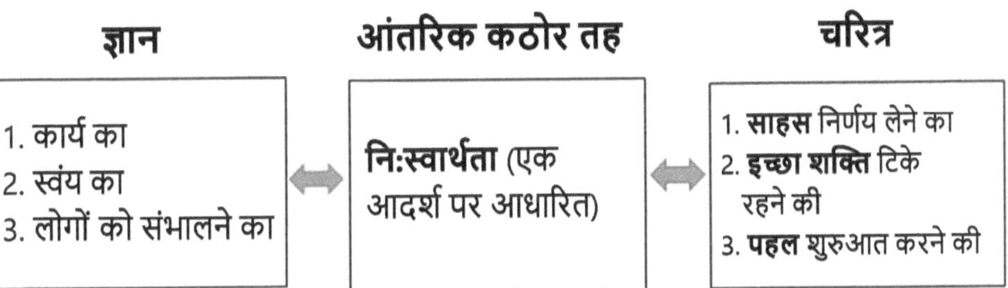

चित्र- 1. **अच्छे नेताओं की सार्वभौमिक आंतरिक संरचना**

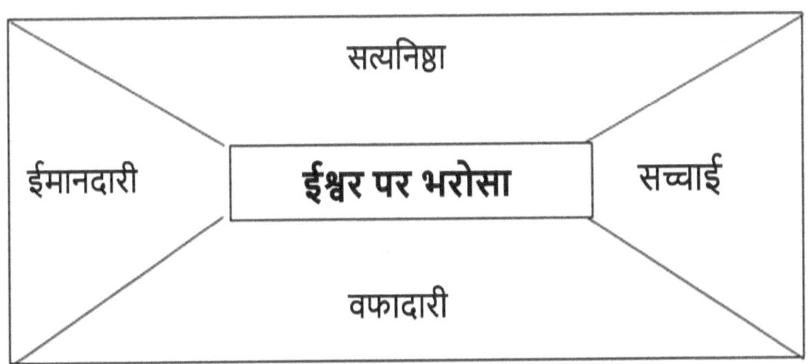

चित्र- 2. **निःस्वार्थता की आंतरिक रचना**

संदर्भ : स्ट्रेटेजिक मैनेजमेंट, इंदिरा गांधी राष्ट्रीय मुक्त विश्वविद्यालय – 1991

निःस्वार्थता (SELFLESSNESS) : निःस्वार्थता, इस संरचना का केंद्र और हृदय है या कह सकते हैं कि वास्तव में यही नींव है। इसके दो अन्य घटक ज्ञान और चरित्र हैं। ज्ञान एक लीडर को "किस स्थिति में क्या करना है" निर्धारित करने में मदद करता है और चरित्र की ताकत उसे उन लोगों को उचित रूप से संभालने में मदद करती है जिनके द्वारा उन "कार्यों को पूरा कराना" है, जिन्हें वह लागू करना चाहता है।

यह महसूस करना आवश्यक है कि निःस्वार्थता उन सभी गुणों का

स्रोत है जो मानवीय चरित्र में श्रेष्ठ हैं; यह वह गुण है जिसके बिना दूसरों को प्रभावित करना असंभव है। निःस्वार्थ मनुष्य न तो लालची होता है और न ही जीवन में आगे बढ़ने के लिए शॉर्टकट खोजता है; इसलिए उसकी सत्यनिष्ठा कभी डगमगाती नहीं; वह दूसरों से कोई अनुचित लाभ नहीं चाहता, इसलिए ईमानदारी और सच्चाई स्वाभाविक रूप से उसमें होती है। वह लोभी नहीं होता है; इसलिए उनकी वफादारी स्थिर और मजबूत होती है।

निःस्वार्थता एक सापेक्ष (Relative) गुण है। पूर्ण निःस्वार्थता दुर्लभ घटना है। जब हम ऐसे लोगों का उदाहरण देखते हैं जो पूरी तरह से निःस्वार्थ थे और जो बड़े पैमाने पर मानवता के लिए जीते थे, तो हम गौतम बुद्ध, ईसा मसीह, पैगंबर मोहम्मद, गुरु नानक, राम कृष्ण परमहंस, स्वामी विवेकानंद, महात्मा गाँधी आदि ऐसे लोगों को पाते हैं। इन पुरुषों की सबसे बड़ी विशेषता यह है कि ये कई शताब्दियों के बाद भी, लोगों को प्रभावित करते रहते हैं।

वर्तमान संदर्भ में, हम केवल उन प्रबंधकों का आकलन करते हैं जो विभिन्न कम्पनियों में कार्यरत हैं। छोटे और बड़े उद्यमों के कामकाजी स्तरों पर भी, कुछ अधिकारी दूसरों की तुलना में अधिक निःस्वार्थ होते हैं। सदियों से यह परिलक्षित हो रहा है कि **एक लीडर में प्रभावशाली नेतृत्व की क्षमता इस निःस्वार्थता की डिग्री के सीधे अनुपात में होती है।** इसका अर्थ यह है कि प्रबंधक की प्रभावशीलता उसके निःस्वार्थ होने के सीधे अनुपात में होती है। प्रबंधक कम निःस्वार्थ है तो कम प्रभावशाली होगा और अधिक निःस्वार्थ है तो अधिक प्रभावशाली होगा।

चरित्र (CHARACTER) : प्रत्येक व्यक्ति मानसिक और नैतिक गुणों की खूबियों और कमजोरियों की एक पोटली(Bundle) है। इस बैलेंस शीट से किसी व्यक्ति की परिणामी वैयक्तिकता (Resulting Individuality) उसका चरित्र है या कभी-कभी उसे उसका व्यक्तित्व भी कहा जाता है। मूल गुण जो वास्तव में महत्वपूर्ण हैं और जो सभी उत्कृष्ट नेताओं के चरित्र में अनिवार्य रूप से पाए जाते हैं वे तीन हैं - साहस, इच्छा-शक्ति और पहल।

साहस (Courage) - एक नेता के लिए साहस का सबसे महत्वपूर्ण तथ्य निर्णय लेना और उस पर अमल करना है।

इच्छा-शक्ति (Will-Power) - दृढ़ रहने की इच्छा-शक्ति एक और

महत्वपूर्ण गुण है जो सभी उत्कृष्ट नेताओं में मौजूद होती है। एक अच्छे नेता के अंदर कार्यान्वयन में उत्पन्न होने वाली तमाम विघ्न और बाधाओं के बावजूद उस पर कायम रहने की इच्छा शक्ति (संकल्प) होनी चाहिए।

पहल (Initiative) - एक प्रभावशाली नेता हमेशा घटनाओं से दो कदम आगे होता है। वह ठोस सूचना प्रणाली के आधार और बुद्धिमत्तापूर्ण पूर्वानुमान के माध्यम से, आने वाली कठिनाइयों और बाधाओं को दूर करता है। वह अपने कार्य को आगे बढ़ाने के लिए हमेशा अवसरों को तलाशता रहता है। ये सभी क्षमताएँ पहल करने की पहचान हैं।

ज्ञान (KNOWLEDGE) : ज्ञान प्रभावशाली नेताओं की सार्वभौमिक आंतरिक संरचना का एक प्रमुख घटक है और इसके तीन उप विभाजन हैं। ज्ञान का असली रहस्य इस बात में निहित है कि एक नेता स्वयं के प्रयासों से क्या सीखता है। कार्यक्षेत्र में एक नेता का स्वयं का प्रत्यक्ष अनुभव वास्तव में सबसे अच्छा होता है; फिर भी अन्य लोगों के अनुभवों से सीखना भी सभी उत्कृष्ट नेताओं की पहचान रही है। सीखना एक आजीवन और सतत प्रक्रिया है। पढ़ने की आदत, अप्रत्यक्ष अनुभव में योगदान देने वाला सबसे बड़ा कारक होता है। इतिहास किसी एक का नहीं बल्कि कई अन्य लोगों का सार्वभौमिक अनुभव दर्शाता है।

कार्य का ज्ञान (Knowledge of Job) - किसी के कार्यक्षेत्र का ज्ञान एक नेता को शक्ति प्रदान करता है। काम करने में सक्षम होने के लिए, संगठन के आंतरिक और बाहरी वातावरण की समग्र प्रणाली का ज्ञान भी आवश्यक है।

स्वयं का ज्ञान (Knowledge of Self) - एक अच्छे नेता को अपने व्यक्तित्व को समझना चाहिए। यह बहुत महत्वपूर्ण है। नेतृत्व, मुखिया और उसके समूह के बीच होने वाली बातों के आदान-प्रदान पर निर्भर करता है। एक प्रभावशाली नेता को दोनों पार्टियों को जानना और समझना चाहिए।

लोगों को संभालने का ज्ञान (Knowledge of Handling People) - एक नेता लोगों से सर्वश्रेष्ठ प्राप्त करने के लिए उन्हें कैसे संभालता है, यह नेतृत्व का सार है। इस कार्य के दौरान एक नेता का संपूर्ण व्यक्तित्व सामने आता है। लोगों को प्रभावशाली ढंग से संभालने के लिए दो मापदंडों की समझ की आवश्यकता होती है - मानव स्वभाव और उचित संवाद।

कृष्णं वन्दे जगद्गुरुम्

अध्याय - 1

अर्जुन विषाद योग
(जीवन की समस्याएँ)

प्रस्तावना :

यह कुरुक्षेत्र के युद्धक्षेत्र में कौरवों और पांडवों के बीच युद्ध के पहले दिन का दृश्य है। पांडवों और कौरवों दोनों की सेनाएँ, एक-दूसरे के आमने-सामने, व्यवस्थित ढंग से खड़ी हुई हैं। दूसरी ओर, महल में, राजा धृतराष्ट्र और उनके सचिव संजय बैठे हैं और युद्ध की बातें कर रहे हैं। संजय को महर्षि वेदव्यास की कृपा से दिव्य दृष्टि प्राप्त हुई है, जिसके द्वारा वह धृतराष्ट्र को युद्धभूमि का आँखों देखा हाल सुना रहे हैं जो कि जन्म से अंधे थे।

सारांश :

धृतराष्ट्र ने पूछा कि हे संजय! मेरे पुत्र और पाण्डु के पुत्र, धर्मभूमि कुरुक्षेत्र में युद्ध करने की इच्छा से एकत्र हुए हैं। तब उन्होंने क्या किया?

संजय ने बताया कि दुर्योधन ने दोनों सेनाओं की व्यूह रचना का अवलोकन किया और द्रोणाचार्य के पास जाकर उसका वर्णन किया। दुर्योधन ने बताया कि पाण्डवों की सेना धृष्टदुम्न, सात्यकि, विराट, घृष्टकेतु,

युधामन्यु, वीर उत्तमोजा, सुभद्रा का पुत्र, द्रौपदी के पुत्र आदि-आदि महारथियों से सजी हुई है। इधर उसकी सेना द्रोणाचार्य, भीष्म, कर्ण, अश्वत्थामा, विकर्ण आदि बड़े-बड़े महारथियों से सुशोभित है और सब के सब युद्ध में प्रवीण हैं। उसकी सेना की रक्षा भीष्म और पाण्डवों की सेना की रक्षा भीम कर रहे हैं। भीष्म की रक्षा सब लोग दृढ़ता से जमकर करें।

फिर दोनों ओर से शंख, नगाड़े, ढोल, मृदंग, नरसिंघे आदि विभिन्न बाजे एक साथ बज उठे। उनका वह शब्द, आकाश और धरती में भयंकर तरीके से गूँजने लगा। उन दिनों की यही रीति थी, जो युद्ध प्रारंभ होने की चेतावनी उद्घोषित करती थी।

इसी समय अर्जुन ने श्रीकृष्ण से कहा कि "हे अच्युत! मेरे रथ को दोनों सेनाओं के बीच में ले जाकर खड़ा कीजिए, जिससे मैं उन लोगों को देख सकूँ, जो युद्ध के लिए उत्सुक खड़े हैं और जिनके साथ मुझे इस युद्ध में लड़ना है।"

अर्जुन के ऐसा कहने पर, श्रीकृष्ण ने रथ को दोनों सेनाओं के बीच लाकर खड़ा कर दिया ताकि युद्ध के अभिलाषी विपक्षी योद्धाओं को भली भाँति देखा जा सके।

वहां अर्जुन ने सेनाओं के बीच खड़े चाचा-ताउओं, दादाओं, गुरुओं, मामाओं, भाइयों, पुत्रों, पौत्रों, मित्रों, ससुरों एवं शुभेच्छुओं को देखा। इन सब संबंधियों को देखकर अर्जुन का हृदय दया से भर आया और उदास होकर बोले - युद्ध की इच्छा से उपस्थित, अपने बंधु–बांधवों को देखकर मेरे अंग ढीले पड़ रहे हैं, मेरा मुँह सूख रहा है और रोंगटे खड़े हो रहे हैं। मेरा गाँडीव हाथ से फिसला जा रहा है, मुझसे खड़ा नहीं रहा जा रहा है और मन भ्रमित सा हो रहा है। हे केशव! मुझे अपशकुन दिखाई पड़ रहे हैं। इस युद्ध में मुझे अपने सम्बन्धियों को मारने में कोई लाभ दिखाई नहीं पड़ता। मैं अपने साम्राज्य को पुनः प्राप्त करने के लिए, उसके सुख-भोग के लोभ में, अपने निकटतम संबंधियों, प्रियजनों और गुरुजनों का वध नहीं करना चाहता। तीनों लोकों के राज्य के लिए भी, हे कृष्ण! मैं इन्हें मारने के लिए तैयार नहीं हूँ। इनका वध करने से कुल का नाश हो जाएगा। कुल का विनाश होने पर, सारे परिवार में अधर्म फैल जाता है, स्त्रियाँ भ्रष्ट हो जाती हैं और विभिन्न जातियों का मिश्रण हो जाता है। पारिवारिक परम्परा

नष्ट होने से पितरों की आत्माएँ अन्न और जल से वंचित होकर गिर पड़ती हैं। परिवार एवं समाज की नैतिक संरचना ध्वस्त हो जाती है। पारिवारिक धर्म के नष्ट होने से अव्यवस्था और अराजकता फैल जाएगी। कुल का नाश होना घोर नर्क का कारण बनेगा।

रणभूमि में, शोकाकुल अर्जुन, करुणा और विषाद से इतना अधिक भर गए कि उन्होंने अपना धनुष-बाण एक ओर रखकर, व्याकुल चित होकर, काँपते हुए, निराश और आतंकित होकर, रथ पर बैठ गए।

प्रबंधन अवधारणाएँ:

श्लोक : 1.1

श्लोक : धर्मक्षेत्रे कुरुक्षेत्रे समवेता युयुत्सवः ।
मामकाः पाण्डवाश्चैव किम कुर्वत सञ्जय ॥ 1 ॥

अर्थ : धृतराष्ट्र ने कहा - हे संजय! मुझे बताओ कि धर्मभूमि कुरुक्षेत्र में, युद्ध की इच्छा से एकत्र हुए, मेरे तथा पाण्डु के पुत्रों ने क्या किया?

व्यास जी की कृपा से, संजय को दिव्य-दृष्टि मिली हुई है। इसलिए वह धृतराष्ट्र को युद्ध का आँखों देखा हाल सुना रहे हैं। इस श्लोक में धृतराष्ट्र के दिमाग की कुटिलता सामने आती है। यह कहने के बजाय कि "हमारे पुत्रों के बीच क्या हुआ" वे कहते हैं कि "मेरे और पाण्डु के पुत्रों के बीच" अर्थात यहीं पर अलगाव पैदा कर दिया। कई बार परिवारों में यहाँ तक कि कॉर्पोरेट्स (Corporates) में भी देखा जाता है कि अक्सर लोग अपने-अपने गुट में अलग-अलग होकर बात-चीत करते हैं। हर टीम, जैसे मार्केटिंग की टीम, प्रोडक्शन की टीम, सेल्स की टीम आदि-आदि, सभी के सामने लक्ष्य पूरा करने की चुनौती रहती है। मगर कॉर्पोरेट्स के लोग बड़े लक्ष्य पर केंद्रित न होकर, अपने-अपने विभाग के छोटे दायरों में ही सीमित रहते हैं। इससे आपस में झगड़े बढ़ते हैं और संस्थान की उन्नति (Progress) धीमी पड़ जाती है।

एक सच्चे मुखिया (Leader) का पहला गुण होता है कि "स्वामित्व की भावना के साथ अपनी टीम की पूरी जिम्मेदारी लेना (Take the

Ownership and Responsibility)"। धृतराष्ट्र, सबके राजा होने के बावजूद, इस जिम्मेदारी को उठाने से बच रहे हैं। परिणाम यह हुआ कि भयानक युद्ध और रक्तपात को रोका नहीं जा सका।

गीता के पहले अध्याय को प्रबंधन (Management) के नजरिये से देखते हैं। पहले अध्याय में अर्जुन ने ही लगभग सारी बातें बोली हैं। अर्जुन कहते हैं - कृष्ण मैं युद्ध नहीं लड़ूँगा, मेरे आँसू बह रहे हैं.........मेरे रोंगटे खड़े हो रहे हैं। भगवन! आप कुछ भी करें मगर मैं युद्ध लड़ने वाला नहीं। अर्जुन पूरी तरह निराश और हतोत्साहित हो गये थे। एक खास बात यह है कि पूरे पहले अध्याय में, भगवान कृष्ण ने एक भी शब्द नहीं बोला है। कृष्ण यह चाहते हैं कि अर्जुन के मन में जो भी व्यथा है, वे उसे पूरी तरह से व्यक्त कर दें।

अर्जुन के दिलो-दिमाग में क्या-क्या चल रहा है, भगवान सब जानना चाहते हैं। इसलिए, यदि वे बीच में टोंकते हैं या बोलते हैं, तो अर्जुन और उन के बीच की संयोजकता या जुड़ाव (Connectivity) टूट सकता है। इसलिए भगवान कृष्ण, पूरे अध्याय में शांत रहे और अर्जुन को सुनते रहे।

यहाँ हम देख सकते हैं कि हजारों साल पहले भगवान श्री कृष्ण ने "सुनने की कला और क्षमता" की अद्भुत प्रबंधकीय अवधारणा को समझाया है।

प्रबंधन पर विश्व प्रसिद्ध लेखक स्टीफन आर कोवी ने इसे "सीक फर्स्ट टू अंडरस्टैंड देन टू बी अंडरस्टुड (Seek First to Understand, Then to Be Understood)" कहा है। उनकी प्रसिद्ध पुस्तक "द 7 हैबिट्स ऑफ हाईली इफेक्टिव पीपल (The 7 Habits of Highly Effective People)" में इस प्रबंधन सिद्धांत को विस्तार से 5 वें नंबर पर समझाया गया है।

पहले ध्यान से सुनिए और समझिए, फिर सुनाइए और समझाइए।

श्लोक : 1.10

श्लोक : अपर्याप्तं तदस्माकं बलं भीष्माभिरक्षितम् ।
पर्याप्तं त्विदमेतेषां बलं भीमाभिरक्षितं ॥10॥

अर्थ : दुर्योधन कहता है - हमारी यह सेना, जिसकी रक्षा भीष्म कर रहे हैं, अपार शक्तिशाली है, जबकि पांडवों की सेना, जिसकी रक्षा भीम कर रहे हैं, बहुत सीमित है।

इस श्लोक में दुर्योधन, अपने गुरु और सेनानायक द्रोणाचार्य को अपनी सेना के योद्धाओं और उनकी शक्तियों का बखान कर रहा है। उसकी बातो में अहंकार और घमंड साफ-साफ झलक रहा है। शत्रु (पाण्डवों) की सेना को कमजोर और कम बताकर अपनी अदूरदर्शिता का परिचय दे रहा है।

एक सच्चा सेनानायक दुश्मन की शक्ति को कभी भी कम नहीं आँकता। अपने जीवन के अंतिम क्षणों में रावण ने लक्ष्मण को एक सीख यह भी दी थी कि "अपने शत्रु को कभी भी कमजोर और छोटा मत समझो।" औद्योगिक जगत में कॉरपोरेट्स भी, नया उत्पाद मार्केट में उतारने के पहले उसका "स्वॉट विश्लेषण (SWOT Analysis)" करते हैं। यानि उत्पाद को उसकी खूबियों (Strength), कमजोरियाँ (Weakness), अवसरों (Opportunity) तथा चुनौतियों (Threats) के नजरिए से अध्ययन करने के बाद ही बाजार में उतारते हैं। बाजार (Market) की ताकत को कभी भी कम नहीं आँकते।

इस अध्याय में, जिस तरह, अपने बधु-बांधवों को देखकर अर्जुन के मन में विषाद पैदा हो गया, लगभग वैसी ही असमंजस की स्थिति, संस्थानों में प्रबंधकों के सामने भी आती रहती है। कभी-कभी प्रबंधक के समक्ष दो विकल्प आते हैं, उनमें से एक चुनना होता है। एक, या तो उसे वह करना है जो संस्थान के हित में है और उचित है या फिर वह करे जो लोगों को खुश कर दे। इस तरह की परिस्थितियों में गलत निर्णय हो सकते हैं। संस्थान की सेहत और उन्नति के लिए जो ठीक और उचित है, उसे वही निर्णय लेना चाहिए। लोग चाहें खुश रहें या फिर नाराज। भावनाओं के आगे झुकना नहीं चाहिए।

"Never Underestimate the Power of Your Enemy."

अध्याय - 2

सांख्ययोग
(गीता का सार)

प्रस्तावना :

सांख्य का अर्थ है - सत्य का ज्ञान, अर्थात सत्य का प्रकाश। वह प्रकाश जो मन को आलोकित करेगा और अज्ञान के अंधकार को हमेशा के लिए दूर कर देगा। इसका अर्थ है सत्य को यथार्थ रूप में जानना, देखना और समझना। अर्थात, जो हकीकत है, उसे जानकर उसको वैसे ही देखना और समझना। इस अध्याय में भगवान श्री कृष्ण ने, अर्जुन के मोह और कायरतापूर्ण कुंठा और निराशा की निन्दा करते हुए उन्हें युद्ध के लिए उत्साहित किया है। **इस अध्याय में मुख्य रूप से मनुष्य के कर्तव्य और उत्तरदायित्व तथा आत्मा के सत्य के ज्ञान का वर्णन किया गया है।** इस अध्याय को बहुत महत्वपूर्ण कहा गया है। इस अध्याय में पूरी गीता का सार है।

सारांश :

भगवान श्रीकृष्ण कहते हैं – हे अर्जुन! इस विकट घड़ी में तुम्हारे मन में यह मोह और इस प्रकार की कायरता कहाँ से आई। यह तो अपयश देने वाली

है। ऐसे नपुंसक न बनो, क्योंकि यह कायरता तुम्हें शोभा नहीं देती। मन की इस तुच्छ दुर्बलता को त्याग दो और उठकर खड़े हो जाओ।

मधुसूदन के ऐसे वचन सुनने के बाद अर्जुन कहते हैं – हे कृष्ण! मैं युद्ध में भीष्म और द्रोण पर किस तरह बाण चला पाऊँगा। जो मेरे लिए पूजनीय हैं, श्रद्धेय हैं उनको मारने के बजाय भीख माँगकर जीना कहीं अधिक अच्छा है। हे कृष्ण! भावनाओं ने मेरे सम्पूर्ण व्यक्तित्व को कमजोर कर दिया है और मेरा मन कर्तव्य से विचलित हो गया है। इस संकट की घड़ी में, मैं आपकी शरण में आया हूँ, मेरा मार्गदर्शन करें।

तदुपरान्त श्रीकृष्ण, व्याकुल अर्जुन को ज्ञान, कर्म, भक्ति एवं संन्यास की शिक्षा देते हुए मार्गदर्शन करते हैं। श्रीकृष्ण कहते हैं - हे अर्जुन! शरीर के भीतर आत्मा निवास करती है, जो अमर और अविनाशी है परंतु यह शरीर प्रकृति के नियमों के अनुसार चलता है। इस सृष्टि में, जो जन्म लेता है, वह निश्चित रूप से मृत्यु के अधीन हो जाता है। हर प्राणी को एक न एक दिन निश्चित रूप से मरना अर्थात् अपना शरीर त्यागना ही पड़ता है। इसलिए तू उनके लिए शोक कर रहा है, जिनके लिए तुझे शोक नहीं करना चाहिए। ज्ञानी लोग मृतकों या जीवितों (जो कि आगे मरने वाले हैं) के लिए शोक नहीं किया करते। ऐसा कोई समय नहीं था, जब मैं यहाँ नहीं था या तू यहाँ नहीं था, या ये सब राजा यहां नहीं थे, और न ही कभी ऐसा कोई समय आएगा, जब हम सब यहाँ नहीं रहेंगे। जैसे इस शरीर में आत्मा बचपन से यौवन फिर बुढ़ापे में से गुजरती है उसी प्रकार की अगली प्रक्रिया है मरने के बाद दूसरा शरीर धारण कर लेना। जो यह सोचता है कि वह मरता है और जो यह सोचता है कि वह मारा जाता है, वे दोनों ही आत्मा के इस सत्य को नहीं जानते। यह आत्मा न तो मरती है और न ही मारी जाती है। यह न कभी जन्म लेती है और न कभी मरती है। यह अजन्मा, शाश्वत, नित्य और प्राचीन है। शरीर के मारे जाने पर भी वह नहीं मरती।

जिस प्रकार मनुष्य पुराने वस्त्रों को त्यागकर नए वस्त्र धारण कर लेता है, उसी प्रकार आत्मा पुराने शरीर को त्याग कर नए भौतिक शरीर धारण करता है। हे पार्थ! न कोई शस्त्र आत्मा को मार सकता है और न अग्नि उसे जला सकती है। जल उसे डुबा नहीं सकता और वायु उसे सुखा नहीं सकती।

हे अर्जुन! यह सब जानने के बाद तुम्हें न तो किसी की मृत्यु पर शोक करना चाहिए और न ही किसी की हत्या करने की खुशी का इजहार करना चाहिए। क्षत्रियों के लिए धर्म-युद्ध से बढ़कर और कोई कर्तव्य नहीं है। इसलिए बिना विचलित हुए अपने कर्तव्य का पालन करो, युद्ध करो। यदि तू इस धर्म-युद्ध को नहीं लड़ेगा तो कर्तव्य के यश से च्युत हो जाएगा और पाप का भागी बनेगा। मनुष्य सदा तेरे अपयश की बातें करेंगे और जो आदमी सम्मानित रह चुका हो उसके लिए बदनामी मृत्यु से भी कहीं बुरी है। इसलिए हे अर्जुन! सुख और दुख को, लाभ और हानि को, जय और पराजय को समान समझ और युद्ध के लिए तैयार हो जा। युद्ध में इनका वध करने पर भी तुझे पाप नहीं लगेगा।

हे पार्थ! अभी तक, यह मैंने तुम्हें सांख्ययोग का ज्ञान बताया है। अब तुम्हें 'निष्काम कर्मयोग' का ज्ञान देता हूँ। यह एक गूढ़ विद्या है, पार्थ। जो इसके रहस्य को समझ लेता है वह संसार के सभी कर्म करते हुए कर्मफल अर्थात पाप और पुण्य के बन्धन से मुक्त रहता है। इस मार्ग से किया गया कोई प्रयत्न नष्ट नहीं होता और ना ही कोई बाधा उत्पन्न होती है। इस योग का थोड़ा सा अंश भी मनुष्य को निर्भीक बना देता है।

हे पार्थ! निष्काम कर्मयोग यह कहता है - तुम्हें केवल कर्म करने का अधिकार है, उसके फल पर तेरा नियंत्रण बिलकुल नहीं है। कर्मफल भविष्य की बात है और भविष्य को न तो किसी ने देखा है और न ही किसी को पता है। फिर उसके लिए व्यर्थ की चिन्ता क्यों? याद रखो, कार्य की सिद्धि, कार्य करने की कुशलता में छिपी है, न कि उसके परिणाम की चिंता करने में। **इसलिए फल पाने की इच्छा से नहीं बल्कि अपना कर्तव्य पूरा करने की भावना से कर्म करो।** कर्मफल से आसक्ति को त्याग कर, कर्म की सफलता और विफलता में मन को समान रखते हुए, कर्म करता जा। हर तरह की परिस्थितियों में मन का संतुलन ही मनुष्य को कर्मयोगी बनाता है।

हे पार्थ! बिना किसी लालसा की भावना से किया हुआ कर्म, फल पाने की भावना से किये गए कर्म से, कई गुना श्रेष्ठ है। एक बात का ध्यान रखो कि यदि कोई मनुष्य अपने कर्मों के फल में गहरी इच्छा और वासना रखता है तो वह अच्छे कर्म करके भी कर्मयोगी नहीं बन सकता। समझदार लोग

अर्थात ज्ञानी मनुष्य, कर्मफल की लालसा किए बगैर, समान बुद्धि रखते हुए, अपना कर्तव्य करते रहते हैं और बिना विचलित हुए सफलता की सीढ़ियाँ चढ़ते रहते हैं।

हे अर्जुन! मोह बुद्धि का अज्ञान होता है। इसी अज्ञान के कारण मनुष्य संसार के आकर्षण में फँस जाता है। वह नहीं जानता कि, देह अथवा समस्त भोग नश्वर हैं, मिथ्या हैं। जब मनुष्य सत्य-असत्य अथवा नित्य और अनित्य का भेद जान जाता है, तब वह निरासक्त हो जाता है। उसके मन में किसी भी चीज के प्रति आकर्षण नहीं रह जाता। दूसरे शब्दों में, इसका अर्थ है आसक्ति को त्याग देना और जब आसक्ति का लोभ समाप्त हो जाता है तो मनुष्य किसी भी प्रकार से किसी वस्तु की ओर आकर्षित नहीं होता। उसका अपने मन पर पूरा नियंत्रण रहता है। मोह का त्याग होने पर, मनुष्य का यही मन, उसे अपनी अंतरात्मा में झाँकने के लिए ले जाता है, जहाँ उसे परमात्मा के दर्शन होते हैं क्योंकि आत्मा तो परमात्मा का ही अंश होती है। मन का आत्मा से जुड़ाव होने पर बुद्धि, हर परिस्थिति में एक सी बनी रहती है। उसकी सारी चंचलता (लालसाएँ) गायब हो जाती हैं। इस अवस्था को प्राप्त मनुष्य स्थितप्रज्ञ कहलाता है। स्थितप्रज्ञ का मतलब है - जीवन की विभिन्न परिस्थितियों जैसे लाभ-हानि, सुख–दुख, यश-अपयश, जीवन–मरण, सर्दी–गर्मी आदि में, बिना विचलित हुए, मन को एक समान रखना। इसलिए हे पार्थ! तुम अपनी बुद्धि से मोह की मलिनता को परे हटाकर, अपनी अंतरात्मा में जाकर परमात्मा को देखने का प्रयास करो, कर्मयोग का आचरण करते हुए स्थितप्रज्ञ बन जाओ।

भगवान से ऐसे गूढ़ वचनों को सुनकर तथा परमात्मा से एकीकरण की विधि जानने के पश्चात, अर्जुन कहते हैं – हे केशव! जिस व्यक्ति की बुद्धि स्थिर हो गई है और जिसका अस्तित्व आत्मा में समा गया है, वह किस प्रकार का होता है? किस ढंग से बोलता है? कैसे रहता है? और कैसे चलता है?

अर्जुन की इस जिज्ञासा को जानकर, भगवान कृष्ण विस्तार से समझाते हैं – हे पार्थ! मनुष्य जब अपने मन की सब इच्छाओं का त्याग कर देता है और अपनी अंतरात्मा में झाँककर परमात्मा के दर्शन की अनुभूति करता है, तब वह स्थितप्रज्ञ कहलाता है। ऐसे मनुष्य का मन दुखों से बेचैन नहीं

होता है और सुखों में अत्यधिक खुश नहीं होता तथा लगाव, अलगाव, भय और क्रोध से दूर रहता है। ऐसा व्यक्ति, इंद्रियों के विषयों से सामना पड़ने पर, अपनी इंद्रियों को सब ओर से वैसे ही खींच लेता है, जैसे संकट के समय कछुआ, अपने अंगों को अपने खोल के अंदर समेट लेता है।

हे पार्थ! इन्द्रियों के विषय से, मनुष्य भले ही विमुख हो जाए, परन्तु उनके प्रति चाहत फिर भी बनी रहती है। उसकी प्रबल इन्द्रियाँ, उसके मन को, बलपूर्वक विचलित कर ही देती हैं। जब मनुष्य, भटकती हुई इन्द्रियों के पीछे भागता है, तब वे मनुष्य की समझ को वैसे ही हर लेती हैं जैसे वायु जल में नाव को बहा ले जाती है। जब मनुष्य का मन इन्द्रियों के विषयों का ध्यान करने लगता है, तब उनके प्रति अनुराग पैदा होता है। अनुराग से इच्छा उत्पन्न होती है और इच्छा पूरी न होने से क्रोध पैदा होता है। क्रोध से मूर्खता उत्पन्न होती है और मूर्खता से स्मृति नष्ट हो जाती है। स्मृति के नष्ट होने से बुद्धि का नाश हो जाता है और बुद्धि के नाश से व्यक्ति ही नष्ट हो जाता है।

परन्तु हे पार्थ! अनुशासित मन (समबुद्धि) वाला मनुष्य जो अपनी इन्द्रियों को वश में रखे हुए है, लालसा से परे हटकर जब विषयों का भोग करता है, तो उसकी आत्मा की पवित्रता बनी रहती है और उसे कोई पाप नहीं लगता।

हे पार्थ! स्थितप्रज्ञ मनुष्य एक सागर की भाँति होता है। नदियों का जल चारों ओर से उसमें गिरता रहता है पर वह (सागर) सदैव शांत रहता है। नदियों का जोर उसकी गहराइयों में गुम हो जाता है। सागर कभी भी अपने किनारों को नहीं तोड़ता, उसके अंदर जल का स्तर एक जैसा बना रहता है। यही अवस्था स्थितप्रज्ञ मनुष्य की होती है। वह इच्छाओं के सतत प्रवाह से विचलित नहीं होता। सभी प्रकार की वासनाएँ और सुख, स्थितप्रज्ञ मनुष्य के मन में किसी भी प्रकार का विकार उत्पन्न करने में असमर्थ होकर, उसी में समा जाते हैं। अर्थात, **समबुद्धि वाला मनुष्य सब सुखों को भोगता हुआ भी इन्द्रियों में आसक्ति नहीं रखता, इसलिए उसे कोई पाप नहीं लगता।** वह इंद्रियों का आनंद अपने प्राकृतिक अस्तित्व के लिए लेता है न कि किसी वासना या लालच के वशीभूत होकर। इसलिए उसे कोई पाप नहीं लगता। जीवन–मरण, सर्दी–गर्मी, सुख-दुख आदि

में, बिना विचलित हुए, मन को एक समान रखता है। इसलिए हे पार्थ! तुम अपनी बुद्धि से मोह की मलिनता को हटाकर, अपनी अंतरात्मा में जाकर परमात्मा को देखने का प्रयास करो, कर्मयोग का आचरण करते हुए स्थितप्रज्ञ बन जाओ।

प्रबंधन अवधारणाएँ:

श्लोक : 2.2, 2.3 और 2.37

श्लोक : कुतस्तवा कश्मलमिदं विषमे समुपस्थितम् ।

अनार्यजुष्टमस्वर्ग्यमकीर्तिकरमर्जुन ॥ 2 ॥

अर्थ : हे अर्जुन! ये विचार तुम्हारे मन में घुसे कैसे? इस परिस्थिति में एसी बातें कैसे सोच लीं? यह एक आर्य (श्रेष्ठ पुरुष) को भाँति सोच नहीं है। इसमें तुम्हारी अकीर्ति हो जाएगी और स्वर्ग की प्राप्ति नहीं होगी।

श्लोक : क्लैब्यं मा स्म गमः पार्थ नैतत्त्वय्युपपद्यते ।

क्षुद्रं हृदयदौर्बल्यं त्यक्त्वोत्तिष्ठ परन्तप ॥3॥

अर्थ : हे पार्थ! ऐसे नपुंसक न बनो क्योंकि यह तुम्हें शोभा नहीं देता। मन की इस तुच्छ दुर्बलता को त्याग कर, युद्ध के लिए खड़े हो जाओ।

श्लोक : हतो बा प्राप्स्यसि स्वर्ग जित्वा वा योज्यते महीम् ।

तस्मादुत्तिष्ठ कौन्तेय युद्धाय कृतनिश्चयः ॥ 37 ॥

अर्थ : यदि तुम युद्ध में मारे गए तो स्वर्ग प्राप्त करोगे और यदि जीत गए तो पृथ्वी का भोग करोगे। अतः संकल्प दृढ़ करके खड़े हो जाओ और युद्ध करो।

भगवद्गीता में 18 अध्याय हैं। पहले अध्याय में अर्जुन बोलते हैं। बाकी 17 अध्यायों में भगवान श्रीकृष्ण ने बोला है। गीता का उपदेश दिया है। पहले अध्याय में भगवान कृष्ण, अर्जुन को सुनने और समझने का काम

करते हैं और शेष 17 अध्यायों में उन्होंने अर्जुन को सुनाने और समझाने का काम किया है।

पहले अध्याय में हमने देखा कि अर्जुन पूरी तरह से हतोत्साहित होकर कहते हैं – "मेरा शरीर काँप रहा है, मेरे रोंगटे खड़े हो गए हैं, मेरा गाँडीव हाथों से खिसककर नीचे गिर रहा है। हे कृष्ण! मुझसे युद्ध नहीं होगा।" इस तरह अर्जुन के विषाद में पूरा अध्याय निकल गया। अर्जुन बोलते रहे, कृष्ण सुनते रहे।

दूसरे अध्याय से, भगवान कृष्ण ने अर्जुन को भगवद्गीता का ज्ञान देना शुरू किया। श्रीकृष्ण अर्जुन के अंदर परिवर्तन लाना चाहते हैं। जब व्यक्ति बहुत असंतुष्ट हो, निराश हो, तृष्णा से भरा हो, अज्ञानता से घिरा हो तो उसके अंदर परिवर्तन लाने के लिए, उसके ज्ञान, नजरिए और व्यवहार यानि पूरी सोच को बदलना पड़ता है, परिवर्तन लाना पड़ता है। श्रीकृष्ण, भगवद्गीता के ज्ञान से अर्जुन के अंदर परिवर्तन लाते हैं। अंत में अर्जुन को घोर निराशा और नकारात्मकता (Negativity) भरी सोच से निकालकर, उत्साही, दृढ़निश्चयी बनाकर सकारात्मकता (Positivity) की ऊँचाइयों पर खड़ा कर देते हैं।

प्रबंधन के संदर्भ में इसे "बदलाव का प्रबंध (Managing Change)" कहा जाता है। औद्योगिक क्षेत्र में, जब भी संस्थानों की उन्नति (Growth) रुकने लगती है, कभी भीतरी कारणों से अस्थिरता आ जाती है, कभी कभी बाहरी कारणों से जैसे तकनीक का पुराना होना, नए बाजार की तलाश आदि आदि, ऐसे वक्त कार्पोरेट्स "बदलाव का प्रबंधन" लागू करते हुए, संस्थान को संकट से बाहर निकालते हैं। बदलाव प्रबंधन की प्रक्रिया (Process) इस प्रकार है -

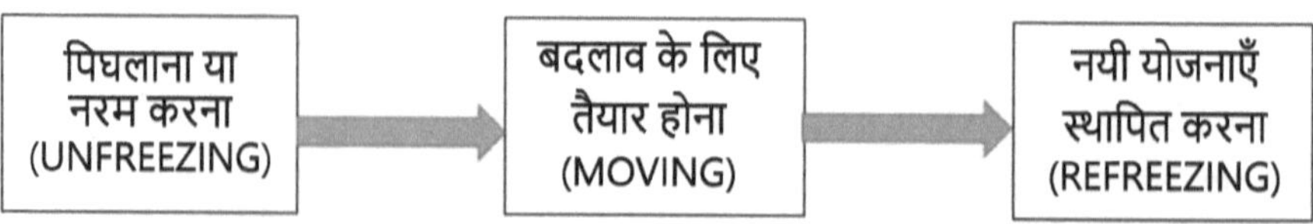

पिघलाना (UNFREEZING) : व्यावहारिक तौर पर कोई भी बदलाव अपने आप नहीं होता, उसे करना पड़ता है। पुराने तौर तरीकों और

व्यवहार में काम करते-करते, उनसे लोगों का लगाव पैदा हो जाता है, और उसी में बने रहने के आदी हो जाते हैं। नया बदलाव जल्दी स्वीकार नहीं होता। नया बदलाव लाने के लिए पहले भावनाओं को और पुराने ज्ञान के आधार को ढीला करना पड़ता है, पिघलाना पड़ता है। कर्मचारियों के मन में नए बदलाव का डर कम करना पड़ता है। उन्हें आंतरिक समस्याओं और कमियों से अवगत कराते हुए, नए बदलाव की आवश्यकता और फायदों के विषयों पर प्रशिक्षण (Training) देना पड़ता है।

बदलाव के लिए तैयार होना (MOVING) : यह वह अवस्था है, जब कर्मचारी को नए बदलाव में यकीन हो जाता है और उसे स्वीकार करने को राजी हो जाता है।

नए बदलाव की स्थापना (REFREEZING) : यह वह अवस्था है, जब नए दृष्टिकोण को, नई संभावनाओं को और नई योजनाओं को संस्थान में स्थापित करते हुए लागू किया जाता है।

हजारों साल पहले, भगवान श्रीकृष्ण ने भगवदगीता के ज्ञान से "बदलाव प्रबंधन" का एक उत्कृष्ट उदाहरण प्रस्तुत किया है। अध्याय दो से श्रीकृष्ण ने बोलना शुरू किया और अध्याय 18 तक आते-आते अर्जुन को पूरी तरह बदल दिया। एक कमजोर, कायरता से भरे हुए, हतोत्साहित अर्जुन को पुन: एक वीर, दृढ़निश्चयी और उत्साही योद्धा में परिवर्तित कर दिया।

भगवद्गीता का ज्ञान अद्भुत है।
एक चूहे को भी शेर बनाने की ताकत रखती है।

श्लोक : 2.7

श्लोक : कार्पण्यदोषोपहतस्वभावः, पृच्छामि त्वां धर्मसम्मूढचेताः।
यच्छ्रेयः स्यान्निश्चितं ब्रूहि तन्मे, शिष्यस्तेऽहं शाधि मां त्वां प्रपन्नम्॥ 7॥

अर्थ : कायरता से मेरे मन में दोष आ गया है। मेरी बुद्धि मारी गई है। मैं किंकर्तव्यविमूढ़ हो गया हूँ। ऐसी अवस्था में, मैं आपसे पूछ रहा हूँ कि मेरे

लिए जो हित में हो, उसे निश्चित रूप से बताएँ। मैं आपका शिष्य हूँ और आपकी शरण में आया हूँ। कृपया मुझे उपदेश दें।

इस श्लोक में, अर्जुन ने अपने आपको, भगवान कृष्ण के समक्ष, पूरी तरह से समर्पित कर दिया है और कहा कि मैं आपकी शरण में आया हूँ, मुझे उपदेश दीजिए आगे का मार्ग सुझाइए। यह श्लोक महत्वपूर्ण है क्योंकि इसमें अनुयायी (अर्जुन) ने लीडर (कृष्ण) में अपना पूर्ण विश्वास और भरोसा व्यक्त किया है, और शिक्षा लेने के लिए तैयार है।

प्रबंधन के सिद्धांतों में एक प्रमुख सिद्धांत है – "प्रभावशाली संवाद (Effective Communication)।" मैनेजमेंट के विश्वप्रसिद्ध लेखक पीटर ड्रकर का कहना है कि – "एक सफल और अच्छी मैनेजमेंट व्यवस्था का आधार है प्रभावी संवाद स्थापित करने की कला।" अगर लोग या कर्मचारी समझेंगे नहीं तो किसी अच्छे विचार, प्रक्रिया का क्रियान्वयन कैसे करेंगे। सफल संवाद की पहचान है, लीडर और अनुयायी के बीच जुड़ाव (Connectivity) पैदा होना। एक बार जुड़ाव हो जाय तो किसी बात का यकीन दिलाना आसान हो जाता है। लीडर और अनुयायी के बीच सफल संवाद के तीन स्तर हैं।

Sr. No	स्तर का नाम	महत्व
1.	सुनो और समझो	50%
2.	जुड़ाव या लगाव पैदा करो	25%
3.	सुनाओ और समझाओ	25%

व्यवहारिक जीवन में, उचित जुड़ाव न होने के कारण संवाद की समस्याएँ अक्सर देखी जाती हैं। सेल्समैन (विक्रेता) का यदि अपने ग्राहक से उचित तौर पर जुड़ाव नहीं है तो सामान बेचना कठिन हो जाता है। दोस्तों के बीच, कार्यालयों में सहकर्मियों के साथ, यहाँ तक कि पति और पत्नी के बीच, अगर सही जुड़ाव नहीं है तो समझना और समझाना कठिन हो जाता है। जुड़ाव, बनाने का पहला कदम है **पहले सुनो और समझो।**

इस श्लोक में अर्जुन ने भगवान कृष्ण के सामने आत्मसमर्पण करते

हुए आगे का मार्ग पूछा है। यह वह अवस्था है जब अर्जुन भगवान कृष्ण से पूरी तरह जुड़ गए हैं। भगवान (Leader) और अर्जुन (Follower) के बीच जुड़ाव स्थापित (Connectivity built-up) हो गया है। भगवान के लिए, अर्जुन को सुनाना, समझाना और यकीन दिलाना आसान हो गया है।

इस श्लोक में भगवान ने प्रभावशाली संवाद स्थापित करने का ज्ञान दिया है।

श्लोक : 2.14

श्लोक : मात्रास्पर्शास्तु कौन्तेय शीतोष्ण सुखदुः खदाः।
आगमापायिनोऽनित्यास्तांस्तितिक्षस्व भारन ॥ 14 ॥

अर्थ : हे कुंतीपुत्र! सुख तथा दुख, सर्दी और गर्मी ऋतुओं की तरह, आते-जाते रहते हैं। हे भरतवंशी! इन्द्रियों का विषयों से संपर्क होने से, ये उत्पन्न होते हैं और सदा के लिए नहीं रहते। बिना विचलित हुए, उनको सहन करना सीखो।

हर किसी के जीवन में, अच्छे के बाद बुरा वक्त जरूर आता है। इस श्लोक में भगवान कृष्ण ने "मुश्किल हालातों में कैसे अपने आपको दृढ़ (Strong) बनाए रखें," इसका समाधान बताया है।

श्रीकृष्ण कहते हैं कि परिवर्तन सृष्टि का नियम है। इस परिवर्तनशील जगत में, कोई भी वस्तु हमेशा के लिए एक जैसी रह नहीं सकती। वक्त कभी ठहरता नहीं। मौसम हमेशा बदलते रहते हैं। आज सर्दी है तो कल गर्मी आएगी। इसी तरह मनुष्य के जीवन में अच्छे के साथ-साथ बुरा वक्त जरूर आता है। न चाहते हुए भी वह मुश्किल हालातों में फँस जाता है। मनुष्य यह समझ ले कि, सुख और दुख भी मौसम की ही तरह आते हैं और चले जाते हैं। कठिन परिस्थितियाँ हमेशा रहने वाली नहीं हैं। बदलाव जरूर आता है। कठिन समय की सच्चाई स्वीकार करो और धैर्य बनाए रखो। कठिन समय में अक्सर लोग डर जाते हैं, और अपने लक्ष्य को भूल जाते हैं। बीते हुए कल के बारे में चिंता करने के बजाय आगे की सोचो। इसलिए, मन से डर को निकालकर, उसे लक्ष्य पर केन्द्रित करते हए लक्ष्य पाने में लग जाओ।

प्रबंधन की पुस्तकों में, नेतृत्व (Leadership) के गुणों और तौर तरीकों के बारे में विस्तार से लिखा गया है। लगभग सभी प्रसिद्ध लेखकों ने कहा है कि एक सफल लीडर में मजबूत इच्छाशक्ति (Will Power) होती है। इसी इच्छाशक्ति से वह कठिन से कठिन परिस्थितियों में हार नहीं मानता, अनवरत कोशिश करते हुए लक्ष्य को पा जाता है। ऐसे लोग, अपनी पूरी टीम के लिए प्रेरणास्रोत होते हैं।

इस श्लोक में भगवान श्रीकृष्ण ने हजारों साल पहले कठिन समय में इसी इच्छाशक्ति को मजबूत रखने का अचूक उपाय बताया है।

Tough time never lasts, but Tough people do.
Problems are not stop line, they are guide lines.

- Robert H. Schuller

श्लोक : 2.41 और 2.44
श्लोक : व्यवसायात्मिका बुद्धिरेकेह कुरुनन्दन ।
बहुशाखा ह्यनन्ताश्च बुद्धयोऽव्यवसायिनम् ॥ 41 ॥

अर्थ : कर्मयोग में बुद्धि दृढ़ संकल्पवाली होती है और उसका लक्ष्य एक ही होता है। कर्मयोगी उद्देश्य में दृढ़ रहते हैं। जो दृढ़प्रतिज्ञ नहीं हैं उनकी बुद्धि अनेक भेदों वाली और अनेक शाखाओं में विभक्त रहती है।

श्लोक : भोगैश्वर्यप्रसक्तानां तथापहृतचेतसाम् ।
व्यवसायात्मिका बुद्धिः समायौ न विधीयते ॥ 44 ॥

अर्थ : भोग और ऐश्वर्य में रहने वालों की बुद्धि मारी जाती है। उनकी बुद्धि न तो निश्चयवाली (दृढ़प्रतिज्ञ) और न ही लक्ष्य पर केंद्रित हो सकती है।

भगवान कृष्ण कहते हैं - पहले अपना लक्ष्य (व्यवसाय) तय करो, फिर अपने आपको और अपनी बुद्धि को उसके साथ एक करके लक्ष्य को भेदो। लक्ष्य से भटकाने के लिए, तरह-तरह के बहुत सारे विचार मन

में आएँगे, परन्तु भटकने के बजाय, अपना ध्यान लक्ष्य पाने में लगाए रखो, सफलता अवश्य मिलेगी।

इस श्लोक में, भगवान कृष्ण ने लक्ष्य (Objectives) पूरा करने का ज्ञान दिया है। जिसे प्रबंधन के संदर्भ में एम० बी० ओ० (Management By Objectives) कहा गया है। मैनेजमेंट के विश्व प्रसिद्ध महान लेखक पीटर ड्रकर ने सबसे पहले, एम०बी०ओ० (Management By Objectives) की धारणा को औद्योगिक क्षेत्र में लागू करना शुरू किया था। इसके साथ ही, उन्होंने मुख्य परिणाम क्षेत्र (Key Result Area) की पहचान करने की आवश्यकता बताई। लक्ष्यप्रप्ति के रास्ते में कुछ प्रमुख कार्यक्षेत्र होते हैं। जिनका पहले पूरा होना लक्ष्य प्राप्त करने के लिए अत्यंत महत्वपूर्ण होता है। इन्हीं कार्यक्षेत्रों को मुख्य परिणामक्षेत्र कहते हैं। अतः मैनेजर का पहला कर्तव्य है लक्ष्य तय करना, फिर उसे पूरा करने के लिए, मुख्य परिणामक्षेत्रों की पहचान करना फिर परिणामक्षेत्रों पर केंद्रित रहते हुए मुख्य लक्ष्य को प्राप्त करना।

भगवान कृष्ण का कहना है कि लक्ष्य पूरा करने के रास्ते में, तरह-तरह के विचार आते रहते हैं। कुछ तो लक्ष्य की दिशा में होते हैं और बहुत सारे अलग-अलग दिशाओं में ले जाने वाले होते हैं। ऐसे में मनुष्य को चाहिए कि जो विचार, लक्ष्य प्राप्त करने के अनुकूल हैं, उन्हें स्वीकार करे और जो विचार, लक्ष्य प्राप्त करने के प्रतिकूल हैं, उन्हें अस्वीकार कर दे। इस तरह करते-करते लक्ष्य की प्राप्ति हो जाती है।

महाभारत में, लक्ष्य की प्राप्ति पर, एक सुंदर कथा है।

अर्जुन और चिड़िया की आँख :

एक बार गुरु द्रोणाचार्य ने सभी शिष्यों की परीक्षा लेने का मन बनाया और इसके लिए पांडवों और कौरवों को लेकर जंगल में गए और कहा -"शिष्यों! आज आप सभी की परीक्षा का दिन है। आज इस बात की परीक्षा होगी कि मेरे द्वारा दी गई धनुर्विद्या से आप सभी ने कितना सीखा है।" उन्होंने एक लकड़ी की चिड़िया बनाकर पेड़ पर रख दी और कहा उसकी आँख को भेदना है।

उन्होंने सबसे पहले दुर्योधन को बुलाया और तीर कमान उसके हाथ में देकर कहा "वत्स! निशाना लगाओ और बताओ तुम्हें क्या-क्या दिख रहा है।" दुर्योधन ने कहा –"गुरुजी चिड़िया दिख रही है, पेड़ दिख रहा है, आसमान दिख रहा है" आदि-आदि। द्रोणाचार्य ने कहा – "ठीक है, तुम किनारे खड़े हो जाओ।" फिर युधिष्ठिर को बुलाया और कहा धनुष उठाओ, निशाना लगाओ और बताओ क्या-क्या दिख रहा है। युधिष्ठिर ने जवाब दिया - " गुरुदेव आप, मेरे भाई, यह जंगल, पेड़, पेड़ पर बैठी चिड़िया, पत्ते आदि सब कुछ दिख रहा है।" द्रोणाचार्य ने कहा - ठीक है किनारे खड़े हो जाओ। इसके बाद उन्होंने भीम को बुलाया और उसके हाथों में तीर कमान थमा दिया। फिर उन्होंने भीम से पूछा कि उसे क्या-क्या दिख रहा है। इस पर भीम ने जवाब दिया कि उसे गुरु द्रोणाचार्य, उसके भाई, पेड़, धरती, पेड़ पर लटके आम सब कुछ दिख रहा है। द्रोणाचार्य ने पूछा - चिड़िया की आँख दिख रही है। भीम ने कहा उसे चिड़िया ही नहीं दिख रही है। द्रोणाचार्य ने कहा - ठीक है, तुम भी जाकर किनारे खड़े हो जाओ। इस प्रकार गुरुदेव ने एक-एक करके नकुल, सहदेव सबको बुलाया और धनुष बाण थमाते हुए उनसे भी वही प्रश्न किया। सबने यही कहा कि उन्हें गुरुदेव, भाई, जंगल, धरती, आसमान दिख रहा है। उन्होंने सभी को किनारे खड़े होने को कहा।

आखिर में अर्जुन की बारी आई। गुरुदेव ने उसे आगे बुलाया, और धनुष-बाण उसके हाथों में दे दिया। फिर उन्होंने अर्जुन से पूछा – " वत्स! बताओ तुम्हें क्या-क्या दिख रहा है?" अर्जुन ने कहा -"मुझे उस चिड़िया की आँख दिख रही है गुरुदेव।" गुरुदेव ने पूछा "और क्या-क्या दिख रहा है तुम्हें अर्जुन?" "मुझे उस चिड़िया की आँख के अलावा कुछ नहीं दिख रहा, गुरुवर!" अर्जुन ने कहा। गुरु द्रोणाचार्य मुस्कराए और कहा "तुम इस परीक्षा के लिये तैयार हो। निशाना लगाओ वत्स!" गुरु का आदेश मिलते ही अर्जुन ने चिड़िया की आँख पर तीर मारा और तीर सीधे उसकी आँख पर जाकर लगा।

कृष्ण कहते हैं - हे अर्जुन! सफलता प्राप्त करने के लिए, ध्यान सिर्फ अपने लक्ष्य पर होना चाहिए।

**Living life without a Goal is like playing football
without a Goal Post.There is no purpose.
Then why play the game of life?
You must have a GOAL in life.**

- RVM

श्लोक : 2 .47

श्लोक : कर्मण्येवाधिकारस्ते मा फलेषु कदाचन ।
मा कर्मफलहेतुर्भूर्मा ते सङ्गोऽस्त्वकर्मणि ॥ 47 ॥

अर्थ : तुझे अपना कर्म (कर्तव्य) करने का अधिकार है, किन्तु कर्म के फलों के तुम अधिकारी नहीं हो। फल उत्पन्न करना तुम्हारे वश में नहीं है। तुम न तो कभी अपने आपको अपने कर्मों के फल का कारण मानो और न ही कर्म न करने में कभी तुम्हारी आसक्ति बने।

यह एक लोकप्रिय श्लोक है। फिर भी सही व्याख्या न होने के कारण, कई बार गलत समझा जाता है। इस श्लोक का साधारणतः यही मतलब निकाला जाता है कि कृष्ण कहते हैं कि कर्म करो फल की इच्छा मत करो। कृष्ण ऐसा नहीं कहते। वे कहते हैं कि जब कर्म करो तो अपना सारा ध्यान कर्म करने में रखो, उसके फल पर नहीं। यदि तुम सिर्फ फल पर ही ध्यान रखोगे, तो कर्तव्य से ध्यान हट जाएगा या कम हो जाएगा। जब कर्तव्य ही ठीक से नहीं होगा तब फल का तो कोई मतलब ही नहीं होगा। फल के लिए किया जाने वाला कर्तव्य वर्तमान है और फल भविष्य में छिपा है। जब भविष्य किसी ने देखा नहीं और न ही कोई जानता है तो फिर उसको लेकर व्यर्थ की चिंता क्यों? याद रखो कार्य की सिद्धि (फल) कार्य करने की कुशलता में छिपी है न कि उसके परिणाम की चिन्ता करने में। इसलिए फल पाने की इच्छा से नहीं, बल्कि कर्तव्य पूरा करने की भावना से कर्म करो। किसी काम को करने के दो रास्ते हैं। या तो चिंतायुक्त (With Worry) होकर करो या फिर चिन्तामुक्त (Without Worry) होकर करो। चिन्तायुक्त होकर कार्य करने से, आशंकाएँ घेरे रहती हैं। मैं यह करूँगा

तो यह मिलेगा कि नहीं मिलेगा, इस तरह की चिंताएँ, मनुष्य की ऊर्जा को धीरे-धीरे समाप्त करती रहती हैं और उसकी कार्यक्षमता कम हो जाती है। इसलिए **श्रीकृष्ण कहते हैं कि चिन्तामुक्त (Without Worry) होकर कर्म करो।** यही सफलता का राज है।

आधुनिक प्रबंधन के संदर्भ में एक अवधारणा है – "कार्य–प्रतिबद्धता (Work-Commitment)"। इस श्लोक में भगवान कृष्ण ने समर्पित कार्य-प्रतिबद्धता (Dedicated Work-Commitment) के विषय में और उसे करने के लिए क्या सही मनोवृष्टि (रवैया) होनी चाहिए, इसका ज्ञान दिया है। कार्य-प्रतिबद्धता का अर्थ है, कर्मचारी के मन में अपना कार्य करने के लिए कितना उत्साह है। यह किसी काम को कुशलता से पूरा करने की जिम्मेदारी की भावना है। **भगवान कृष्ण समझाते हैं कि कार्य-प्रतिबद्धता के लिए सही रवैया "निष्काम कर्म करने की भावना" है।** इस मनोवृत्ति के साथ काम करने से कर्मचारी व्यस्त हो जाते हैं और काम में खुशी महसूस करते हैं।

यह श्लोक, काम कर रहे प्रबंधकों के लिए, ऊर्जा के संरक्षण और मनोवैज्ञानिक रूप से तनाव को रोकने के लिए एक प्रभावी मार्गदर्शक के रूप में कार्य करता है। खुश रहने और प्रभावी ढंग से काम करने का यह एक सुंदर तरीका है। निःस्वार्थ कर्म करने से अहंकार उत्पन्न नहीं होता। यह सफलता-असफलता, लाभ-हानि आदि के आकलन से होने वाली ऊर्जा की बर्बादी को भी रोकता है।

कर्मों की गुणवत्ता ही आपके प्रारब्ध की गुणवत्ता तय करती है।

श्लोक : 2.59

श्लोक : विषया विनिवर्तन्ते निराहारस्य देहिनः ।
रसवर्जं रसोऽप्यस्य परं दृष्ट्वा निवर्तते ॥ 59 ॥

अर्थ : इंद्रियों के विषय से देहधारी जीव भले ही विमुख हो जाए, परन्तु उसमें इंद्रियभोगों के प्रति लालसा फिर भी बनी रहती है लेकिन उत्तम

रस का अनुभव होने से यानि भगवान के दर्शन होने से, निचला रस जाता रहता है।

इस श्लोक को समझने के पहले इंद्र की कहानी सुनते हैं।

जब इंद्र को सुअर बने रहना अच्छा लगा :

किसी समय, स्वर्ग के राजा इंद्र ने, अपने गुरु बृहस्पति मुनि का, अपमान किया तो गुरु ने उन्हें शिक्षा देने के लिए, सुअर योनि में जन्म लेने का श्राप दे दिया। तब इंद्र सुअर बनकर, पृथ्वीलोक पर आ गए और यहाँ अपना परिवार बना लिया। यहाँ इंद्र की सुअर पत्नी थी सुअर बच्चे थे और ढेर सारे यार-दोस्त। सुअरों के राजा बन गए। परिवार और सुअर समाज में रहते हुए उन्हें गहरी खुशी मिल रही थी और वे पूरी तरह से संतुष्ट थे।

उधर स्वर्ग का सिंहासन खाली हो गया। देवलोक पर संकट आ गया। यह स्थिति देखकर ब्रह्मा जी पृथ्वीलोक पर आए और सुअर रूपी इंद्र से कहा – भद्र! तुम सुअर बनकर पृथ्वी पर आए हो। अब मैं तुम्हारा उद्धार करने आया हूँ। तुम तुरंत मेरे साथ चलो। इंद्र बोले - आप कौन? ब्रह्मा बोले – मैं ब्रह्मा हूँ, जानते नहीं? मेरे साथ अपने घर स्वर्ग चलो। इन्द्र बोले - ब्रह्मा जी! आप क्या कह रहे हैं। मैं आपके साथ नहीं जा सकता। मुझ पर अनेक उत्तरदायित्व हैं। मेरे बच्चे हैं, पत्नी है और यह सुंदर शूकर समाज है। मैं बहुत सुखी और संतुष्ट हूँ और आप मुझे, यह सब छोड़ कर स्वर्ग चलने की सलाह दे रहे हैं। मुझे कुछ समझ में नहीं आ रहा। ब्रह्मा ने कहा - मैं तुम्हें याद दिलाने के लिये आया हूँ कि तुम स्वर्ग के राजा इंद्र हो, सुअर नहीं। इसलिए मेरे साथ चलो। इंद्र बोले – " ब्रह्मा जी! क्या आप गम्भीर हैं। क्या मुझे यहाँ के जैसा गंदगी से भरा हुआ स्वादिष्ट भोजन और वातावरण स्वर्ग में मिलेगा? मेरा यह परिवार वहाँ मिलेगा? मुझे तो लगता है एक शत्रु की भाँति आप मेरे परिवार को नष्ट करने के इरादे से आए हुए हैं।"

अब ब्रह्मा जी की बुद्धि चकरा गई। इंद्र इस सुअर के जीवन में इतना ज्यादा संतुष्ट थे कि स्वर्ग के सुख और वैभव को छोड़ने को तैयार थे। ब्रह्मा जी ने अपनी दिव्य शक्ति से इंद्र को सुअर से वापस देवता बना दिया। देवता बनने के बाद इंद्र हैरान थे कि वे सुअर का गंदा जीवन जी कैसे

रहे थे। वह ब्रह्माजी के साथ वापस स्वर्ग आ गए और अपनी जिम्मेदारियाँ संभाल लीं।

भगवान कृष्ण कहते हैं कि जीवन में सुख के तीन स्तर हैं। शारीरिक स्तर, मानसिक स्तर और आध्यात्मिक स्तर।

आध्यात्मिक स्तर का सुख
मानसिक स्तर का सुख
शारीरिक स्तर का सुख

इसमें शारीरिक सुख सबसे निचले स्तर का है, उसके ऊपर मानसिक सुख का स्तर और आध्यात्मिक सुख सबसे उत्तम और ऊँचे स्तर का है। आध्यात्मिक स्तर में, मनुष्य को सत्य का ज्ञान हो जाता है और ईश्वर से साक्षात्कार का अनुभव मिलता है।

इस श्लोक में भगवान कृष्ण ने कहा है - इंसान को एक बार जब शारीरिक सुख, यानि निचले स्तर के रस का स्वाद मिलने लगता है तो उसे उसकी लत पड़ जाती है। शारीरिक स्तर पर इंद्रियाँ बड़ी प्रबल होती हैं और मनुष्य को चारों ओर से जकड़ लेती हैं। उसे लगता है यही संसार है, यही सब कुछ है और उसे छोड़ना नहीं चाहता। जब उसे ऊँचे स्तर के रस का स्वाद मिलेगा तभी वह नीचे वाले को छोड़ पाएगा तथा जब और ऊँचे स्तर का रस मिलेगा तब उसके निचले वाले को छोड़ पाएगा।

यही हो रहा था इंद्र के साथ। इंद्र को जो शारीरिक स्तर का रस मिल रहा था, उसे नहीं छोड़ पा रहे थे। उसी में डूब गए थे। उसी की लत पड़ गई थी।

कुछ लोगों की ऐसी धारणा है कि, भगवद्गीता पढ़ने से लोग घर-बार छोड़कर संन्यासी बन जाते हैं। जंगलों में रहने लगते हैं। भगवद्गीता में ऐसा कुछ भी नहीं कहा गया है। यह धारणा निराधार और गलत है। कृष्ण

कहते हैं कि आपको सारे कर्तव्य करने हैं, कुछ भी बंद नहीं करना है। आपको केवल ऊँचे स्तर के रस का स्वाद पैदा करना है और विकसित करना है। सभी मनुष्यों में ऊँचे स्तर पर जाने की मूल भावना छिपी रहती है। इस तरह मनुष्य को चाहिए कि ऊँचे स्तर का स्वाद विकसित करते हुए, आध्यात्मिक स्तर तक पहुँचने की चेष्टा करे। यहीं स्थायी सुख है।

आधुनिक प्रबंधन के सिद्धांतों में यह समझाया गया है कि, सफल नेतृत्व करने के गुणों में प्रमुख गुण है –"लोगों को संभालना (Handling people)।" इसके लिए जरूरी है कि लीडर, लोगों के स्वभाव को समझे, तभी प्रभावी तरीके से उन्हें संभाल सकता है, उन पर नियंत्रण रख सकता है। मनोविज्ञान के क्षेत्र में, मनुष्य के स्वभाव (Human Nature) पर बहुत अनुसंधान हुए हैं। इनमें से "मैस्लो की आवश्यकता पदानुक्रम (Maslow's Need Hierarchy)" सबसे अधिक लोकप्रिय और स्वीकृत की गई है। यह अमेरिकन लेखक अब्राहम मैस्लो द्वारा प्रतिपादित एक मनोवैज्ञानिक सिद्धांत है। इसे मनोविज्ञान में अभिप्रेरणा (Motivation) के सबसे महत्वपूर्ण सिद्धांत के रूप में जाना जाता है। इन सभी आवश्यकताओं को पदानुक्रम इसलिए कहा जाता है क्योंकि इन्हें क्रमबद्ध तरीके से ही पूरा किया जा सकता है।

आत्म-बोध
आत्म सम्मान की आवश्यकता
प्यार एवं संबंधों की आवश्यकता
सुरक्षा की आवश्यकता
शारीरिक आवश्यकता

मैस्लो का आवश्यकता पदानुक्रम

इस सिद्धान्त में मैस्लो ने मानव की आवश्यकताओं की पाँच चरणों में व्याख्या की है जिसे ऊपर चित्र में दर्शाया गया है। इन्हीं आवश्यकताओं के अनुसार मनुष्य का स्वभाव बनता बिगड़ता रहता है। मनुष्य की पहली आवश्यकता शारीरिक संतुष्टि की होती है, उसे सबसे नीचे स्तर पर दिखाया गया है। मैस्लो ने, आत्मबोध (Self-Actualisation) को मनुष्य के लिये सबसे उत्तम और महत्वपूर्ण माना है। इसलिए उसे सबसे ऊपर रखा है। आत्मबोध में मनुष्य को आत्मा का ज्ञान हो जाता है यानि सत्य को पहचान लेता है।

भगवान श्रीकृष्ण ने इस श्लोक में यही समझाया है कि मनुष्य को सदैव ऊँचे स्तर के रस का स्वाद विकसित करते रहना चाहिए। इसी धारणा को मैस्लो ने अपने सिद्धांत में दर्शाया है। मैस्लो का कहना है कि, आवश्यकताओं की पूर्ति क्रमबद्ध तरीके से होती है। इन्हीं आवश्यकताओं की पूर्ति हेतु मनुष्य अभिप्रेरित (Motivated) होकर जीवनपर्यन्त क्रियाशील रहता है और नीचे से ऊपर के स्तरों की ओर बढ़ता रहता है।

श्लोक : 2.70

श्लोक : आपूर्यमाणमचलप्रतिष्ठं, समुद्रमापः प्रविशन्ति यद्वत् ।
तद्वत्कामा यं प्रविशन्ति सर्वे, स शान्तिमाप्रोति न कामकामी ॥ 70 ॥

अर्थ : जो मनुष्य समुद्र में निरंतर प्रवेश करती रहने वाली नदियों के समान इच्छाओं के निरंतर प्रवाह से विचलित नहीं होता, और जो सदैव स्थिर रहता है, वही शान्ति प्राप्त कर सकता है। वह नहीं, जो इच्छाओं को तुष्ट करने की चेष्टा करता रहता है।

भगवान श्रीकृष्ण कहते हैं कि अनुशासित मनवाला मनुष्य एक सागर की भाँति होता है। सागर में नदियाँ निरंतर प्रवेश करती रहती हैं परन्तु सागर के जल-स्तर में, कोई भी परिवर्तन नहीं आता। वह शांत और स्थिर बना रहता है। ठीक उसी प्रकार, मनुष्य के मन में, तरह-तरह की इच्छाएँ और कामनाएँ आती रहेंगी, लेकिन लक्ष्य की प्राप्ति उसी को होगी जो

कामनाओं के वशीभूत होकर कामी नहीं बनेगा। जैसे नदियों का जोर समुद्र की गहराइयों में समा जाता है, उसी प्रकार सब प्रकार के भोग, अनुशासित मनुष्य के मन में, किसी प्रकार का विकार उत्पन्न करने में असमर्थ होकर, उसी में समा जाते हैं।

ऋषि विश्वामित्र की कथा :

इंद्रियाँ अत्यंत प्रबल होती हैं। यदि मनुष्य के मन का अनुशासन जरा भी ढीला हुआ, तो वह उसमें घुसकर, मनुष्य को लक्ष्य से भटका देती हैं। महान तपस्वी ऋषि विश्वामित्र, नए स्वर्ग के निर्माण के लिए, वन में घनघोर तपस्या में लीन थे। उनकी तपस्या इतनी कठोर और दृढ़ थी कि उन्हें अपने आस-पास किसी भी बात का ध्यान नहीं रह गया था। विश्वामित्र के तप से, स्वर्ग के राजा देवराज इन्द्र को, अपना सिंहासन डोलता हुआ नजर आने लगा। तब उनके तप से घबराकर इंद्र ने, स्वर्ग की अप्सरा मेनका को बुलाया, और विश्वामित्र का तप भंग करने के लिये धरती पर भेज दिया। शुरू में विश्वामित्र पर कोई असर नहीं पड़ा। परन्तु धीरे धीरे मेनका से आकर्षित हुए और अपनी तपस्या भूल गए। इस तरह उनकी तपस्या भंग हो गई।

इस श्लोक में भगवान कृष्ण ने मनुष्य को सफल होने के लिए, लक्ष्य प्राप्त करने के लिए, उसके मन में एक दृढ़ इच्छाशक्ति का होना आवश्यक बताया है। ऐसे दृढ़ इच्छाशक्ति वाले मनुष्य की तुलना सागर से की है। आधुनिक प्रबंधन में, सफल नेतृत्व करने के लक्षणों, गुणों में, एक प्रमुख गुण - दृढ़ इच्छाशक्ति (Strong Will-Power) बताई गई है। विश्व के महान नायकों (Leaders) में जैसे महात्मा गाँधी, फ्रैंकलिन डी रूजवेल्ट, विंस्टन चर्चिल आदि आदि सभी अपार दृढ़ इच्छाशक्ति के धनी थे। इसी शक्ति के सहारे, अपने लक्ष्य के रास्ते से, बिना विचलित हुए, संसार से महान काम कर के गए हैं।

भगवान श्री गणेश जी को सभी देवी देवताओं में सबसे अधिक धैर्यवान माना जाता है। उनका चित्त दृढ़निश्चयी और स्वभाव शांत बताया गया है।

वेद व्यास और गणेश जी महाभारत लिखते हुए

कैसी भी परिस्थिति हो, वे अपना धैर्य नहीं खोते। शांत भाव से अपना कार्य करते रहते हैं। आइए, दृढ़ इच्छाशक्ति पर उन्हीं की एक कथा सुनते हैं।

गणेश जी ने लिखी महाभारत की कथा :

एक बार ब्रह्माजी के कहने पर महर्षि वेद व्यास, महाभारत की कथा लिखने के लिए बैठे तो उन्हें एक बुद्धिमान व्यक्ति को जरूरत पड़ी। जो उनके मुख से निकली महाभारत की कहानी को समझकर लिख सके। इस कार्य के लिये उन्होंने गणेश जी को चुना। गणेश जी भी इस कार्य के लिए मान गए, पर महर्षि वेद व्यास के सामने एक शर्त रखी कि महाभारत के लेखन को, एक पल के लिए भी बिना रुके पूरा करना होगा। गणेश जी ने कहा अगर आप एक पल के लिए भी रुकेंगे तो मै लिखना बंद कर दूँगा। महर्षि वेदव्यास जी ने गणेश जी की इस शर्त को मान लिया, लेकिन वेद व्यास जी ने भी गणेश जी के समक्ष एक शर्त रखी और कहा-" गणेश जी, आपको सब कुछ समझकर लिखना होगा।" गणेश जी ने उनकी इस शर्त को स्वीकार कर लिया।

दोनों महाभारत के महाकाव्य को लिखने बैठ गए। वेद व्यास जी महाकाव्य को बोलने लगे और गणेश जी उसे समझ-समझकर शीघ्रता से लिखने लगे। कुछ देर लिखने के बाद, अचानक से गणेश जी की कलम टूट गई। फिर गणेश जी ने धीरे से अपना एक दाँत तोड़ा और स्याही में डुबाकर दोबारा महाभारत की कथा को लिखना प्रारम्भ कर दिया।

महर्षि वेदव्यास जी और गणेश जी को महाभारत लिखने में पूरे तीन वर्ष लग गए। पूरे महाभारत में लगभग 1,10,000 श्लोक हैं।

अहंकार किस प्रकार से मनुष्य का नाश करता है, इस पर एक छोटी सी कथा सुनते हैं।

क्लोन (Clone)

एक अत्यधिक बुद्धिमान परंतु अहंकारी व्यक्ति ने मृत्यु के स्वामी यमराज को धोखा देने के लिए अपने जैसे दस क्लोन बनाए। उम्मीद के मुताबिक

वह दो बार मौत से बच गया क्योंकि उसकी पहचान नहीं हो सकी। तीसरी मुलाक़ात पर यमराज ने टिप्पणी की "आपने अपने जैसे ही क्लोन बनाए हैं लेकिन एक गलती है।" वह आदमी तुरंत आगे बढ़ा और गुस्से से पूछा "बताओ, क्या गलती है?" यमराज ने कहा "यह गलती है" और उसे ले गए।

अध्याय - 3

कर्मयोग
(कर्म ही पूजा है)

प्रस्तावना :

पिछले अध्याय में हमने जाना, कि भगवान श्रीकृष्ण ने, अर्जुन को सांख्ययोग (या ज्ञानयोग) का मार्ग समझाते हुए, कर्मयोग का मात्र परिचय भर कराया है। इस अध्याय में प्रभु ने, जीवित रहने के लिए कर्म करने की आवश्यकता, निर्धारित कर्म किस प्रकार से करने चाहिए, ब्रह्मा द्वारा यज्ञ करने के लिए कर्म की उत्पत्ति, पाप का मूल कारण और उसका निवारण आदि पहलुओं पर, अर्जुन को समझाया है, उपदेश दिया है।

सारांश :

अर्जुन को भगवान के वचनों में कर्म की अपेक्षा, ज्ञान की प्रशंसा अधिक प्रतीत हुई। अतएव उन्होंने भगवान से पूछा - हे जनार्दन! आपके वचनों से तो लगता है कि ज्ञानयोग कर्मयोग से श्रेष्ठ है, तो आप मुझे घोर कर्म करने या युद्ध करने के लिए क्यों कह रहे हैं? संहार करने की प्रेरणा क्यों दे रहे हैं? इससे मेरी बुद्धि भ्रमित हो रही है। मुझे साफ-साफ बताइए कि मेरा भला किसमें है?

प्रजापति की शिक्षा

भगवान कहते हैं – हे अर्जुन! इस संसार में बहुत पहले, मैंने दो प्रणालियों का उपदेश दिया था। चिंतनशील व्यक्तियों के लिए ज्ञान मार्ग का और कर्मशील व्यक्तियों के लिए कर्म मार्ग का। इस तरह ज्ञानयोग और कर्मयोग, एक ही नगर में आने वाले दो अलग-अलग रास्ते हैं। दोनों का एक ही लक्ष्य है - परमात्मा को पाना।

हे अर्जुन! निस्संदेह कोई भी मनुष्य किसी भी काल में, क्षणमात्र भी, बिना कर्म किए जीवित नहीं रह सकता। अत: कर्म न करने से ही कोई व्यक्ति, कर्म से मुक्ति नहीं पा सकता और बिना कर्म किए ज्ञान आता ही नहीं। कर्म करना तो जगत का नियम है। ऐसे में जो व्यक्ति अपने मन में इन्द्रियों के विषयों का स्मरण कर तरह-तरह से मंसूबे बनाता है, वह मूर्ख और पाखंडी गिना जाता है। इससे तो अच्छा यह है कि हे अर्जुन! अपने मन की मदद से इंद्रियों पर नियंत्रण करके अनासक्त भाव से, जो कर्तव्य है, उसे करता चल। बिना कर्म किए तो, तेरा शारीरिक जीवन भी अस्तित्व में नहीं रह पाएगा।

हे पार्थ! जब प्राणी कर्म करने पर विवश है, तब उसे चाहिए कि कर्म इस प्रकार करे, जैसे यज्ञ किया जाता है। यज्ञ के माने हैं, अपने लिए नहीं बल्कि दूसरों के लिए, परोपकार के लिए, किया जाने वाला श्रम। याद रखो कि यज्ञ के रूप में किए जाने वाले कर्मों को छोड़कर, इस संसार के बाकी सारे कर्म परेशानियों में डालने वाले हैं।

प्राचीन काल में, ब्रह्मा ने प्राणियों की संरचना करने के साथ-साथ यज्ञ भी उत्पन्न किया और प्राणियों को यह संदेश दिया कि यज्ञ करो, एक दूसरे की सेवा करो और फलो-फूलो। तुम्हारी इस सेवा भावना से प्रसन्न होकर देवता तुम्हें मनोवांछित फल देंगे। यह समझना कि परोपकार (यज्ञ) किए बिना, जो व्यक्ति अन्न खाता है वह चोर है। और जो मनुष्य, परोपकार करने के बाद अन्न का भोग करते हैं, वे सब पापों से मुक्त हो जाते हैं। सारा जीवन ही अन्न पर आश्रित है। यज्ञ से वर्षा होती है और यज्ञ, कर्म करने से संभव होता है।

हे पार्थ! ब्रह्मा द्वारा बनाया हुआ यह यज्ञार्थ–कर्म, यानी लोक-कल्याण के लिए किए जाने वाले कर्मों का चक्र, हमेशा चलता रहता है। यह पद्धति सृष्टि के अस्तित्व की व्यवस्था को बनाए रखती है। इसलिए हे अर्जुन!

अनासक्त होकर सदा परोपकार करता चल, तब तुझे परमसत्य (ईश्वर) के दर्शन होंगे। श्रेष्ठ लोगों को, दूसरों को अधर्म करने से बचाने और उन्हें धर्म के रास्ते पर लाने के लिए, आदर्श कार्यों का उदाहरण रखना पड़ता है। वे जैसा आदर्श रखते हैं, लोग उसी का अनुगमन करने लगते हैं।

तदुपरांत श्रीकृष्ण, स्वयं के द्वारा किए जाने वाले कर्मों के विषय में अर्जुन से कहते हैं- हे पार्थ! मेरे लिए तीनों लोकों में, कोई भी ऐसा कर्म नहीं है, जो करना आवश्यक हो, और न ही ऐसी कोई वस्तु है, जो मुझे प्राप्त न हो या मुझे प्राप्त करनी है, फिर भी मैं कर्म में लगा रहता हूँ। यदि मैं आलसी होकर सदा कर्म में न लगा रहूँ तो हे पार्थ! सब लोग हर प्रकार से मेरे ही मार्ग का अनुसरण करने लगेंगे। यदि मैं कर्म करना छोड़ दूँ, तो जीवन में अव्यवस्था फैलने से लोगों का विनाश हो जाएगा। इस तरह पूरा संसार नष्ट हो जाएगा। इसलिए हे भारत! बुद्धिमान व्यक्तियों को, संसार की व्यवस्था को बनाए रखने के लिए अनासक्त होकर, लोक कल्याण की भावना से आदर्श कर्म करते रहना चाहिए।

इस प्रकार वासुदेव भगवान, अर्जुन को उत्साहित करते हुए, अहंकार रहित होकर कर्तव्य करने का तरीका बताते हैं – हे अर्जुन! प्राणियों के सभी कार्य वस्तुतः प्रकृति से उत्पन्न गुणों द्वारा किए जाते हैं फिर भी मनुष्य, जिसका मन अहंकार की भावना से भरा होता है, वह यही समझता है कि सब कुछ करने वाला " मैं " ही हूँ। ऐसे व्यक्ति भ्रम में रहते हैं और प्रकृति से उत्पन्न गुणों के प्रभाव से कर्मफल में आसक्त होकर विनाश के रास्ते पर चल पड़ते हैं। अत: हे अर्जुन! अपने सब कर्मफलों को मुझ पर अर्पित कर दो इससे तुम्हारा अहंकार समाप्त हो जाएगा। फिर निष्काम भाव से वीरतापूर्वक युद्ध करो।

अर्जुन ने पूछा - हे मधुसूदन! मनुष्य किसके प्रभाव में आकर पाप करता है? अक्सर ऐसा लगता है कि कोई उसे जबरदस्ती पाप की ओर धकेल रहा है।

भगवान बोले - मनुष्य को पाप की ओर धकेलने वाली वस्तु काम और क्रोध हैं। ये रजोगुण से उत्पन्न होते हैं। ये सब कुछ निगल जाने वाले हैं, और मनुष्य के महान शत्रु हैं। जैसे आग धुएँ से ढक जाती है, या दर्पण धूल से ढक जाता है, या भ्रूण गर्भ द्वारा सब ओर से घिरा रहता है, उसी प्रकार

जीवात्मा रजोगुण से ढकी रहती है। इच्छाएँ इंद्रियों के माध्यम से मन और बुद्धि में उत्पन्न होकर उन्हें ढक लेती हैं। काम और क्रोध मन व बुद्धि को इस तरह ढके रहते हैं कि ज्ञान का दीया जलने ही नहीं पाता। काम अग्नि के समान विकराल है और इंद्रियों के द्वारा मन और बुद्धि पर काबू करके, मनुष्य को पछाड़ देता है। इसलिए हे पार्थ! तू सबसे पहले इंद्रियों से निपट, फिर मन को जीत तब बुद्धि तेरे अधीन हो जाएगी। शरीर, इंद्रियाँ, मन और बुद्धि की श्रृंखला में, बुद्धि उच्च स्तर पर होती है। परंतु आत्मा बुद्धि से भी श्रेष्ठ है। इसलिए हे अर्जुन! आत्मा के स्वरूप और शक्ति को पहचान। फिर इस शक्ति से मन और बुद्धि को प्रकाशित करते हुए, काम रूपी दुर्जेय शत्रु को मार डाल।

प्रबंधन अवधारणाएँ :

श्लोक : 3.21

श्लोक : यद्यदाचरति श्रेष्ठस्तत्तदेवेतरो जन: ।
स यत्प्रमाणं कुरुते लोकस्तदनुवर्त्तते ॥ 21 ॥

अर्थ : श्रेष्ठ मनुष्य जैसा-जैसा करता है, सामान्य लोग वैसा-वैसा ही करने लगते हैं। वह जैसा आदर्श प्रस्तुत करता है, लोग उसी का अनुसरण करने लगते हैं।

इस श्लोक में, भगवान श्रीकृष्ण ने यह बताया है कि एक श्रेष्ठ मनुष्य को अर्थात् नायक को कैसा होना चाहिए। एक नायक कार्य करते समय जैसा-जैसा आचरण करता है और जो-जो उदाहरण रखता है, सामान्य व्यक्ति उसी का अनुसरण करने लगते हैं। इसका अर्थ यह है कि सिर्फ कहने मात्र से कोई अनुसरण नहीं करता। आचरण ही नायक का असली व्यक्तित्व होता है। इसलिए जो व्यक्ति अपने आचरण से, अपने स्वयं के उदाहरण से समझाता है, वही सच्चा नायक कहलाता है।

आधुनिक प्रबंधन के संदर्भ में, नेतृत्व के सिद्धांतों में एक प्रमुख सिद्धान्त है – "उदाहरण प्रस्तुत करते हुए नेतृत्व करना (Leading By Example)।" भगवान श्रीकृष्ण ने इस सिद्धांत का ज्ञान, हजारों साल पहले, भगवद्गीता के इस श्लोक में दिया है। नेतृत्व करने की यह एक ऐसी

शैली है, जिसमें नायक अपनी टीम के सदस्यों से जिस व्यवहार की अपेक्षा करता है, उस व्यवहार को पहले स्वयं के आचरण से प्रस्तुत करता है। वह अपनी टीम के सदस्यों के कार्यों को, उत्कृष्टता की ओर ले जाने के लिये उन्हें ढकेलता नहीं है, बल्कि सक्रिय रूप से, स्वयं प्रेरणास्रोत बनते हुए पूरी टीम को श्रेष्ठता की ऊँचाइयों पर ले जाता है। यह एक सार्वभौमिक गुण है जो इतिहास के सभी महान नायकों में रहा है।

उदाहरण प्रस्तुत करते हुए नेतृत्व करने से, लोगों को एक संदर्भ बिंदु (Reference Point) मिल जाता है। इससे सफलता की सम्भावना (Possibility) दिखलाई पड़ने लगती है कि देखो उसने किया है तो मैं भी कर सकता हूँ।

संदर्भ बिंदु को समझने के लिए ओलम्पिक में होने वाली, 100 मीटर दौड़ (Race) का उदाहरण लेते हैं। एक व्यक्ति ने 1896 में इस दौड़ को 12.2 सेकेंड में पूरा कर दिखाया। उसके बाद से इस कीर्तिमान (Record) को 13 बार तोड़ा जा चुका है। 1960 में एक व्यक्ति ने इसे 10.2 सेकेंड में कर दिखाया। लोगों को लगा कि जब वह 10.2 सेकेंड में दौड़ सकता है, तो मैं उससे भी कम समय में कर सकता हूँ। कार्ल लुइस (Carl Lewis) ने 1988 में 9.92 सेकेंड में कर दिखाया। यूसेन बोल्ट (Usain Bolt) ने 2012 में 9.63 सेकेंड में कर दिखाया।

"THE MOST POWERFUL LEADERSHIP TOOL YOU HAVE IS YOUR OWN PERSONAL EXAMPLE."

- John Wooden

श्लोक : 3.27

श्लोक : प्रकृतेः क्रियमाणानि गुणैः कर्माणि सर्वशः ।
अहङ्कारविमूढात्मा कर्ताऽहमिति मन्यते ॥ 27 ॥

अर्थ : जीवात्मा अहंकार के प्रभाव से मोहग्रस्त होकर अपने आपको समस्त कार्यों का कर्ता मान बैठता है, जबकि वास्तव में सारे कर्म, प्रकृति के तीनों गुणों द्वारा सम्पन्न किए जाते हैं।

भगवान कृष्ण कहते हैं कि संसार के सभी काम, प्राकृतिक शक्तियों द्वारा मिलकर किए जाते हैं। अज्ञानी और अहंकारी मनुष्य, यही मानता है कि वही सब कुछ कर रहा है जबकि वास्तव में ऐसा नहीं होता।

इस श्लोक में, भगवान श्रीकृष्ण सामूहिक तालमेल (Team Synergy) और सामूहिक कार्य(Team Work) करने की आवश्यकता का ज्ञान दे रहे हैं। तालमेल (Synergy) एक सहयोग है, जो संपूर्ण को जन्म देता है, जो उसके भागों के सहयोग से ज्यादा होता है। यह सत्य है कि अलग-अलग रहकर काम करने से, कोई महत्वपूर्ण सफलता नहीं मिलती। बड़े और महत्वपूर्ण कार्यों में सफल होने के लिए यह जानना आवश्यक है कि समूह में रहकर कैसे कार्य करना है क्योंकि अकेला मनुष्य, अपनी सीमित शक्ति के बल पर, बहुत समय में भी कार्य पूरा नहीं कर सकता। तालमेल और सामूहिक कार्य, आमतौर पर तब उत्पन्न होते हैं, जब विभिन्न पूरक कौशल वाले दो व्यक्ति सहयोग करते हैं। आधुनिक उद्योग जगत में, संगठनात्मक और तकनीकी कौशल वाले लोगों का सहयोग, हमेशा होता रहता है। सामूहिक होकर कार्य करने से जो कामयाबी हासिल की जाती है, वह किसी एक व्यक्ति के प्रयास से हासिल नहीं होती, बल्कि समूह के संयुक्त परिश्रम का फल होती है। इस तरह हासिल हुई कामयाबी को, सभी सदस्य साझा करते हैं और ऐसे में लक्ष्य की प्राप्ति से पैदा हुई खुशी, कई गुना बढ़ जाती है।

सामूहिक कार्य करने का एक उत्तम उदाहरण है - फुटबॉल की टीम। जो आपसी तालमेल बैठाते हुए, मिल-जुलकर गेम को जीतने का प्रयास करती है। एक अन्य 'उदाहरण है - ड्रमर (Drummer) यानि ड्रम बजाने वाला। जो एक ड्रम-बीट बनाने में चार अलग-अलग लयों का प्रयोग करता है। तभी जाकर एक अच्छी धुन तैयार हो पाती है।

NO ONE CAN WHISTLE A SYMPHONY ALONE,
IT TAKES A WHOLE ORCHESTRA TO PLAY IT.
- H.E. Luccock

INDIVIDUALLY WE ARE ONE DROP,
TOGETHER WE ARE AN OCEAN.

- Ryunosuke Satore

श्लोक : 3.36, 3.37 और 3.39

श्लोक : अथ केन प्रयुक्तोऽयं पापं चरति पूरुषः ।
अनिच्छन्नपि वार्ष्णेय बलादिव नियोजितः ॥ 36 ॥

अर्थ : अर्जुन ने कहा - हे कृष्ण! मनुष्य न चाहते हुए भी पाप करने के लिये क्यों प्रेरित होता है?

बलपूर्वक उससे यह पाप कौन कराता है?

श्लोक : काम एष क्रोध एष रजोगुणसमुद्भवः ।
महाशनो महापाप्मा विद्ध्येनमिह वैरिणम् ॥ 37 ॥

अर्थ : श्री भगवान ने कहा - हे अर्जुन! वह वस्तु काम और क्रोध हैं, जो रजोगुण से उत्पन्न होते हैं। ये सब कुछ निगल जाने वाले हैं, इनका पेट ही नहीं भरता। यह महापापी हैं। इस संसार में इन्हीं को शत्रु समझो।

श्लोक : आवृतं ज्ञानमेतेन ज्ञानिनो नित्यवैरिणा ।
कामरूपेण कौंतेय दुष्पूरेणानलेन च ॥ 39 ॥

अर्थ : हे अर्जुन! लालसा की इस कभी न बुझने वाली आग से, जो कि ज्ञानी मनुष्य का शत्रु है, मनुष्य का ज्ञान ढका (आवृत्त) रहता है।

इन श्लोकों में भगवान कृष्ण यही ज्ञान दे रहे हैं कि कल्पना पर आधारित होकर निष्कर्ष नहीं निकालना चाहिए। अगर कोई बात समझ में न आई हो तो पूछ लेना चाहिए। विषय का स्पष्टीकरण कर लेना चाहिए। तभी जाकर सही बात बनती है।

भगवद्गीता की कुछ बातें, अर्जुन को समझ में नहीं आ रही थी। उन्हीं के स्पष्टीकरण के लिए भगवान से पूछते हैं - "हे कृष्ण! मेरी तो इच्छा भी

नहीं है, फिर भी ऐसा लगता है कि कोई बलपूर्वक मुझसे पाप करवा रहा है। यह कौन है जो मुझसे पाप करवा रहा है?" भगवान ने स्पष्ट किया - " हे अर्जुन! तुम्हारे अंदर जो कामनाएँ (Lust) हैं, पूरी होने पर और बढ़ती जाती हैं, और यदि पूरी नहीं हुईं तो क्रोध आ जाता है कि क्यों नहीं पूरी हुईं। यही काम और क्रोध पापी हैं। तुम्हारे दुश्मन हैं। यही पाप करवाते हैं।" भगवान कृष्ण और स्पष्ट करते हैं – "हे अर्जुन! ये कामनाएँ, इच्छाएँ, कभी न बुझने वाली आग की तरह हैं, जो तुम्हारे ज्ञान को चारों ओर से ढँके रहती हैं। इस आग को बुझाने के लिए कितना भी ईंधन डालो, वह पुन: धधक उठती है।"

आधुनिक प्रबंधन के सिद्धांतों में से एक सिद्धांत है – "अपेक्षाओं को स्पष्ट करना (Clarify Expectations)।" भगवद्गीता के इन श्लोकों में, हजारों साल पहले, यही ज्ञान दिया गया है। किसी प्रसंग के स्पष्ट होने पर, उस पर साझा दृष्टिकोण और सहमति बन जाती है। लक्ष्यों और विचारों को प्रभावी तरीके से, सदस्यों को स्पष्ट कर देने से, कार्य के दौरान किसी भी प्रकार की गलतफहमी पैदा नहीं होने पाती और आपस में विश्वास बढ़ता है। कार्य के प्रारम्भ में, जब सभी सदस्यों की अपेक्षाएँ स्पष्ट कर दी जाती हैं, तो कार्य के अंत में, समूह (Team) को किसी प्रकार की निराशा का सामना नहीं करना पड़ता। लक्ष्य की प्राप्ति सुचारु रूप से होती जाती है।

औद्योगिक क्षेत्र में, इस तरह की परिस्थितियाँ अक्सर आती रहती हैं। कारखानों में, और संस्थानों में कार्य की प्रगति को लेकर सभाएँ (Meetings) होती रहती हैं। उसमें संबंधित कार्य क्षेत्र के प्रबंधकों से, आगे का लक्ष्य पूरा करने की रूपरेखा पर वार्तालाप (Discussion) होता है। एक तय सीमा के अंतराल के बाद, कार्य प्रगति के संबंध में पुन: सभा होती है, तो प्रगति धीमी पाई जाती है और प्रबंधकों में आपस में उलझनें बनी रहती हैं। इसका कारण यह है कि बिना पुष्टीकरण किए कि "सबको बात समझ में आई कि नहीं", सभाएँ इस कल्पना के आधार पर कि "सबको समझ में आ गया है" ऐसा मान कर जल्दीबाजी में समाप्त कर दी जाती हैं। परिणाम आशा या अपेक्षा के अनुरूप नहीं होता। इसलिए, हर सभा के अंत में, सभी की सब प्रकार की अपेक्षाओं, शंकाओं का पुष्टीकरण और समाधान आवश्यक होता है। तभी कार्य की प्रगति संभव है।

श्लोक : 3.40, 3.41

श्लोक : इन्द्रियाणि मनो बुद्धिरस्याधिष्ठानमुच्यते ।
एतैर्विमोहयत्येष ज्ञानमावृत्य देहिनम् ॥ 40 ॥

अर्थ : हे अर्जुन! इंद्रियाँ, मन और बुद्धि इस काम (Lust) के निवास स्थान हैं। इनके द्वारा यह काम, मनुष्य के वास्तविक ज्ञान को ढककर, उसे पथभ्रांत कर देता है।

श्लोक : तस्मात्त्वमिन्द्रियाण्यादौ नियम्य भरतर्षभ ।
पाप्मानं प्रजहि ह्येनं ज्ञानविज्ञाननाशनम् ॥ 41 ॥

अर्थ : इसलिए हे अर्जुन! तुम आरम्भ से ही इंदियों को नियंत्रण में रखकर, ज्ञान और विवेक से इस महापापी काम का वध कर दो।

पिछले श्लोकों में, अर्जुन को यह अच्छी तरह स्पष्ट हो गया कि मनुष्य का शत्रु कामनाएँ हैं। अगर पाप करने से बचना है तो इस शत्रु का दमन करना जरूरी है परन्तु उनको समझ में यह नहीं आ रहा था कि ये कामनाएँ रहती कहाँ हैं और इनको मारने की शुरुआत कैसे करें। इन्हीं सब जिज्ञासाओं के स्पष्टीकरण के लिये उन्होंने भगवान कृष्ण से पुनः निवेदन किया। श्लोक 3.40 में श्रीकृष्ण ने, कामनाओं के रहने के निवास स्थान की जानकारी दी है।

भगवान कृष्ण कहते हैं - कामनाओं के रहने का स्थान इंद्रियाँ, मन और बुद्धि हैं। यदि कामनाओं को खत्म करना है तो सबसे पहले इन्द्रियों, मन और बुद्धि को शुद्ध करना पड़ेगा, पवित्र करना पड़ेगा। यदि नहीं किया, तो कामनाएँ (Lust) इतनी प्रबल होती हैं कि मनुष्य को विमोहित करके उसके ज्ञान को चारों ओर से ढक लेती हैं। फिर मनुष्य कुछ नहीं कर पाता और पाप के दलदल में धँसता चला जाता है।

जब कामनाओं के रहने के स्थान का पता चल गया तो यह प्रश्न उठता है कि इनको ठीक कैसे किया जाए, इनको समाप्त करने की प्रक्रिया कैसे प्रारम्भ करें। इसका भी तरीका भगवान श्रीकृष्ण ने अगले श्लोक 3.41 में बताया है।

भगवान श्रीकृष्ण कहते हैं - इसके लिए हे अर्जुन! इंद्रियों से शुरुआत करो। पहले इंद्रियों पर नियंत्रण रखना आवश्यक है। इंद्रियाँ पाँच प्रकार की होती हैं - आँख, नाक, कान, जिह्वा और त्वचा (स्पर्श)। यही वे दरवाजे हैं जिनके रास्ते कामनाएँ (Lust) मनुष्य के मन में प्रवेश करती हैं। नियंत्रण का अर्थ है नियमानुसार काम करना। इन इन्द्रियों पर, इस तरह नियंत्रण रखो कि ये तुम्हारे बनाए नियम के अनुसार, तुम्हारे धर्म अर्थात नैतिकता के आधार पर काम करें। आँखों से वही देखो, कानों से वही सुनो, नाक से वही गंध लो, उसी को स्पर्श करो, वही खाओ जो तुम्हारे काम का है अर्थात लक्ष्य की प्राप्ति में सहायक है। इसके अलावा अन्य को त्याग दो। नियंत्रण करने का एक अनूठा उदाहरण है - नदी पर बना हुआ बाँध। बाँध पहले नदी के बहाव को रोक लेता है। फिर आवश्यकता अनुसार, नियंत्रित तरीके से, पानी को नदी में छोड़ता रहता है। ठीक उसी तरह मनुष्य को चाहिए कि इन्द्रियों को नियंत्रित रखते हुए उनसे काम ले। अपने मन को हमेशा, इन्द्रियों पर हावी रखे। इस तरह धीरे-धीरे कामना जैसे महापापी शत्रु का नाश किया जा सकता है। जब अनुशासित इन्द्रियों के रास्ते से, मन के अंदर शुद्ध सामग्री अर्थात् उत्तम सोच और विचार जाएँगे, तब अंदर की बुराइयाँ धुलकर साफ हो जाएँगी। इस तरह मनुष्य सफलता की सीढियाँ चढ़ते हुए, लक्ष्य को सहजता से प्राप्त कर सकता है।

प्रबंधन के दृष्टिकोण से देखें तो यह श्लोक – "अपेक्षाओं को स्पष्ट करना (Clarify Expectations)" के सिद्धांत का विस्तार मात्र है। अर्जुन ने भगवान श्रीकृष्ण से, कामनाओं से संबंधित अन्य जिज्ञासाओं का समाधान पूछा है। औद्योगिक क्षेत्र में, संस्थानों में, इस सिद्धांत की बड़ी उपयोगिता है। यह ग्राहकों के साथ, मजदूरों के साथ, कामगारों के साथ, वरिष्ठ और कनिष्ठ प्रबंधकों के साथ, सभी के साथ आपस में एक भरोसे का निर्माण करता है। विश्वास पैदा करता है। आज के प्रबंधन की भाषा में इसे पूर्ण विश्वास व्यवहार (All Trust Behaviour) अर्थात भरोसे से भरा हुआ व्यवहार कहते हैं।

प्रबंधन के क्षेत्र में विश्व प्रसिद्ध लेखक, स्टीफेन एम आर कोवी ने अपनी पुस्तक "The Speedy Trust : One Thing That Changes

Everything" में इसी सिद्धांत पर आधारित विश्वास से भरे व्यवहार (All Trust Behaviour) पर विस्तार से लिखा है।

CLEAR IS KIND,
UNCLEAR IS UNKIND.

- Brene Brown

अध्याय - 4

ज्ञान कर्म संन्यास योग
(ईश्वर के अवतारों का रहस्य)

प्रस्तावना :

इस अध्याय में ज्ञान का अर्थ है – सत्य का ज्ञान, कर्म का अर्थ है कर्मयोग, और संन्यास का अर्थ है ज्ञानमार्ग अथवा सांख्ययोग। सांख्ययोग यही कहता है कि व्यक्ति को संन्यासी की भांति सोचना चाहिए। संन्यास का अर्थ है कि न तो रिश्तों से मोह रखना चाहिए और न ही उनके टूटने का शोक करना चाहिए। इस अध्याय में, तीसरे अध्याय के कर्मयोग की विशेष विवेचना है। ईश्वर के अवतारों का रहस्य तथा भिन्न-भिन्न प्रकार के यज्ञों का वर्णन है। कर्मयोग की पूर्ण सफलता के लिए, ज्ञान की आवश्यकता की विशेष व्याख्या है।

सारांश :

भगवान श्री कृष्ण ने अर्जुन से कहा - हे पार्थ! मैंने तुझे जो निष्काम कर्मयोग बतलाया है, प्राचीन काल में सबसे पहले मैंने यही योग सूर्य को बताया था। पार्थ! सूर्य ने इस योग को अपने पुत्र मनु से कहा और मनु ने अपने पुत्र इक्ष्वाकु से कहा। इस प्रकार परंपरा से प्राप्त इस योग को राजर्षियों ने

सूर्य को उपदेश

जाना। परंतु बहुत काल बीत जाने पर यह योग लुप्त हो गया। आज यही पुरातन योग मैंने तुम्हें बताया है क्योंकि तुम मेरे भक्त हो और सखा भी। इसलिए मैं तुम्हें यह गुप्त ज्ञान दे रहा हूँ।

अर्जुन ने कहा - हे केशव! आपका जन्म तो इसी काल में हुआ है और सूर्य का जन्म पुराना है फिर आपने यह योग सूर्य से कैसे कहा?

श्रीकृष्ण ने कहा - हे अर्जुन! इस मृत्युलोक में, तुम्हारे और मेरे, अनेक जन्म हो चुके हैं और आगे भी होते रहेंगे। तुम इस रहस्य को नहीं जानते पर मैं उन सब को जानता हूँ।

हे अर्जुन! मैं अविनाशी हूँ और अजन्मा भी हूँ। मैं समस्त भूप्राणियों का ईश्वर हूँ। फिर भी प्रकृति को अधीन करके, अपनी योग माया द्वारा प्रकट होता रहता हूँ। **जब-जब धर्म की हानि होती है और अधर्म की वृद्धि होती है, हे भरतवंशी! तब-तब मैं अवतार रूप में जन्म लेता हूँ। सज्जनों की रक्षा करने के लिए, दुष्टों का विनाश करने के लिए तथा धर्म की फिर से स्थापना करने के लिए, मैं हर युग में प्रकट होता हूँ।**

जो व्यक्ति, मेरे अवतार (दिव्य–जन्मों) और कर्मों को, इस प्रकार सत्य रूप में जान लेता है, उसे यह विश्वास रहता है कि अधर्म का नाश अवश्य होगा। ऐसे व्यक्ति फिर धर्म के मार्ग से विचलित नहीं होते, और अंत में मुझे पाते हैं।

मनुष्य, जैसा करता है, वैसा ही फल पाता है। जो लोग अपने कर्मों का फल, यहीं पृथ्वीलोक पर चाहते हैं, वे देवताओं, जो कि मेरे ही विभिन्न रूप हैं, की पूजा करते हैं, यज्ञ करते हैं क्योंकि मनुष्यों को इस संसार में कर्मों का फल शीघ्र मिलता है। हे पार्थ! मेरे नियमों से बाहर कोई नहीं रह सकता। यद्यपि मैं इस भौतिक जगत का सृजन करने वाला हूँ फिर भी मुझ पर किसी कर्म का प्रभाव नहीं पड़ता और न ही मैं कर्मफल की कामना करता हूँ। सृष्टि की रचना करने पर भी मैं इससे अलिप्त हूँ। जबकि जीवात्माएँ भौतिक कार्य कलापों और कर्मफलों में बंधी रहती हैं। मै उन्हें कर्म करने के लिए केवल समुचित सुविधाएँ तथा प्रकृति के गुणों के नियम सुलभ कराता हूँ। जीवात्मा अपने कर्मों के लिये स्वयं उत्तरदायी है। जो व्यक्ति इस कर्म नियम की बारीकियों से अवगत है, वह अपने कर्मों

के फल से प्रभावित नहीं होता। इस सत्य को समझकर, फल की इच्छा से रहित होकर चले तो मोक्ष अवश्य पा जाएगा।

हे पार्थ! मैं तुम्हें बतलाता हूँ कि कर्म, अकर्म और विकर्म (गलत कर्म) क्या हैं। हे अर्जुन! मनुष्य जब निष्काम भावना से कर्म करता है, तब उस कर्म का फल उसे नहीं भोगना पड़ता। इसलिए उसे अकर्म कहते हैं। कर्म उसे कहते हैं, जो सकाम भाव से फल की इच्छा के लिए किया जाता है, उसका फल कर्म के अनुसार अवश्य मिलता है। अच्छे कर्म का अच्छा और बुरे कर्म का बुरा फल मिलता है। असत्य, कपट, हिंसा, आदि अनुचित कर्मों को विकर्म कहते हैं। अनुचित कर्म में, कामनाओं की तीव्र लालसा होती है। ऐसा मनुष्य जो फल की इच्छा के बगैर कर्म करता है, तो वह, दूसरे शब्दों में कर्म में अकर्म को देखता है। इसलिए, जो इच्छा की लालसा को छोड़कर कर्म करता है तो कहते हैं - उसने ज्ञान रूपी अग्नि द्वारा अपने कर्मों को जला डाला है।

कर्मयोगी के लक्षणों को बतलाते हुए भगवान श्रीकृष्ण कहते हैं - हे पार्थ! ऐसे व्यक्ति का मन ठिकाने रहता है, वह किसी संग्रह में नहीं पड़ता, केवल शरीर निर्वाह के लिए कर्म करता है और सुख-दुख, सफलता-विफलता में समान भाव रखता है। जब ऐसे कर्मयोगी की आसक्तियाँ पूर्णतया समाप्त हो जाती हैं तब उसका मन, ज्ञान से प्रकाशित होकर उसे उसकी आत्मा के अंदर ले जाकर परमात्मा के दर्शन करवाता है। ऐसे व्यक्ति के समस्त कर्म, ईश्वर को समर्पित किए हुए होते हैं।

भगवान श्रीकृष्ण अर्जुन को अनेक प्रकार के यज्ञों और उसमें अर्पण करने के विषय में विस्तार से बतलाते हैं - हे पार्थ! अपनी किसी प्रिय वस्तु को, किसी विशिष्ट भावना को मुझ परमात्मा में समर्पित कर देना, इसी को यज्ञ कहते हैं। अपनी प्रिय वस्तु की कुर्बानी, यही यज्ञ की मूल भावना है। यज्ञ अनेक प्रकार के बताए गए हैं। इंद्रियदमन एक प्रकार का यज्ञ है जिसमें इंद्रियों के सब कर्मों को आत्मसंयम रूपी अग्नि में समर्पित कर देते हैं। कुछ लोग अपनी भौतिक संपत्ति धन आदि दान करते हैं। वह भी यज्ञ है। उसे द्रव्ययज्ञ कहते हैं। कई लोग निस्वार्थ भाव से विद्या दान करते हैं, उसे ज्ञानयज्ञ कहते हैं। कई योगी पुरुष आध्यात्मिक सिद्धियों के लिए प्राणायाम में लगे रहते हैं। इसमें वे आहार को नियंत्रित करके अपने प्राण

रूपी श्वासों की आहुति देते हैं। इसे प्राणयज्ञ कहते हैं। हे अर्जुन! इस प्रकार की साधना करने से पहले, किसी सिद्ध गुरु से, उसकी शिक्षा प्राप्त करनी आवश्यक है।

भगवान श्री कृष्ण कहते हैं - हे अर्जुन! द्रव्ययज्ञ की अपेक्षा ज्ञानयज्ञ अत्यंत श्रेष्ठ है क्योंकि मानव का सर्वोच्च कल्याण केवल ज्ञान की शक्ति से ही हो सकता है। ज्ञान वह अग्नि है, जिसमें मानव के सारे दोष, दंभ, अहंकार आदि अवगुण भस्म हो जाते हैं। यहाँ तक कि ज्ञान के द्वारा ही प्राणी को, भगवान के स्वरूप का सही ज्ञान मिलता है। जब तू इस ज्ञान को प्राप्त कर लेगा फिर चाहे तू संसार का सबसे बड़ा दुराचारी क्यों न हो, ज्ञान की नैया में बैठकर, सब पापों को धोकर, भवसागर के पार पहुँच जाएगा।

भगवान श्री कृष्ण कहते हैं - हे धनंजय! जिस मनुष्य ने कर्मयोग द्वारा कर्मफल की इच्छा का त्याग कर दिया है, ज्ञान द्वारा सब संशयों को काट दिया है और जिसने अपनी आत्मा में परमात्मा को देख लिया है, उसे हम जन्म-मृत्यु के बंधनो में नहीं डालते। उसे सीधे मोक्ष मिलता है।

इसलिए हे भारत! ज्ञान की तलवार से अपने हृदय में स्थित संदेह को जो अज्ञान के कारण उत्पन्न हुआ है, छिन्न-भिन्न करके, कर्मयोगी बन और युद्ध के लिए उठ खड़ा हो।

प्रबंधन अवधारणाएँ :

श्लोक : 4.11

श्लोक : ये यथा मां प्रपद्यंते तांस्तथैव भजाम्यहम् ।
मम वर्त्मानुवर्त्तन्ते मनुष्याः पार्थ सर्वेश: ॥ 11 ॥

अर्थ : जो जिस भावना के साथ मेरी शरण में आते हैं, उसी के अनुरूप मैं उन्हें फल देता हूँ। हे पार्थ! सभी व्यक्ति हर प्रकार से मेरे ही मार्ग का अनुसरण करते हैं।

भगवान श्रीकृष्ण कहते हैं - "हे अर्जुन! जो मनुष्य जिस भावना के साथ मेरी शरण में आता है उसी के अनुसार मैं उसे फल देता हूँ।" इसका अर्थ यह है कि कोई भी ईश्वरीय नियमों का उल्लंघन नहीं कर सकता। जो जैसा

बोता है वैसा काटता है ; जैसा करता है, वैसा भरता है। ईश्वरीय कानून में अर्थात कर्म के नियम में अपवाद नहीं है। सबको समान अर्थात अपनी योग्यता के अनुसार न्याय मिलता है।

श्रीकृष्ण आगे कहते हैं - किसी काम को करते समय, व्यक्ति के मन में, जिस तरह की जिम्मेदारी की भावना होती है, उसको वैसा ही प्रतिफल मिलता है। इसलिए मनुष्य को चाहिए कि पूरी जिम्मेदारी के साथ, अपना कर्तव्य करता चले। यदि तुम मेरी तरफ एक कदम बढ़ाओगे, तो मैं तुम्हारी तरफ दो कदम बढ़ाऊँगा। प्रतिफल अवश्य मिलेगा, ऐसा मेरा आश्वासन है।

आधुनिक प्रबंधन की बात करें, तो नेतृत्व के सिद्धान्तों में एक प्रमुख सिद्धान्त है – "स्वामित्व और उत्तरदायित्व (Ownership and Responsibility)" की भावना। भगवद्गीता के इस श्लोक में, हजारों वर्ष पहले, भगवान कृष्ण ने यही ज्ञान दिया है। जिम्मेदारी, कार्य कुशलता को बढ़ाती है। केवल पद या स्थान पा जाने से कोई मालिक नहीं बनता। मालिक तब बनता है, जब उस कार्य की जिम्मेदारी और जवाबदेही स्वीकार कर लेता है। वही सही मायने में सच्चा और सफल लीडर कहलाता है। जिम्मेदारी लेने से दो बातें होती हैं – एक तो यह कि निर्णय लेने का साहस बढ़ जाता है और दूसरा समस्याओं का समाधान करने की योग्यता और क्षमता बढ़ जाती है।

इस विषय को समझने के लिए, आइए इन दो छोटी-छोटी घटनाओं को सुनते हैं।

1. एक पुरानी घटना है। अमेरिका में एक जगह चिलचिलाती धूप में निर्माण कार्य चल रहा था। कामगार तन्मयता से, काम पूरा करने में लगे हुए थे। उसी समय एक बड़ी सी कार आकर रुकती है। उसकी खिड़की का शीशा नीचे गिरता है और अंदर से बुलाने की आवाज आती है - "स्टीव इधर आओ।" स्टीव उन्हीं कामगारों में से एक था। स्टीव ने देखा, यह कम्पनी के मुख्य निष्पादन अधिकारी (Chief Executive Officer) जॉन की आवाज थी। स्टीव कार के पास जाता है और दोनों आपस में हँसी-मजाक करते हुए बातें करने लगते हैं। लगभग पाँच मिनट बाद कार चली

जाती है। स्टीव काम पर वापस आ जाता है। उसने देखा कि उसके साथ के लोग आश्चर्यचकित और उत्सुक थे। फिर उसने बताया कि, उसने और जॉन ने, कुछ वर्षों पहले, एक साथ और एक ही पद पर कम्पनी में शामिल (join) हुए थे। फर्क यह रहा कि जॉन ने कम्पनी के लिए काम किया और मैंने 28 डॉलर के लिए।

एक और घटना की चर्चा करते हैं।

2. भारतीय सैन्य सेवा से अवकाश प्राप्त करने के बाद, एक कर्नल ने अपना खुद का व्यवसाय शुरू किया। आज उस कम्पनी की शुद्ध बिक्री (Turn Over) लगभग 1000 करोड़ रुपया है। एक दिन उसका एक मित्र, नौकरी की तलाश में उसके पास आया। उसने पूछा - क्या मैं तुम्हारे यहाँ काम कर सकता हूँ। कर्नल ने कहा- क्यों नहीं। मैं तुम्हें पिछले तीस साल से जानता हूँ। मित्र ने नौकरी ज्वाइन (Join) कर ली। एक दिन शाम को मित्र और कर्नल बातें कर रहे थे। मित्र ने कहा – "देखो, हम दोनों ने सैन्य सेवा एक ही दिन और ये एक ही पद पर साथ-साथ एक कर्मचारी (Employee) की तरह ज्वाइन किया था। और, हम लोग रिटायर भी साथ-साथ हुए। आज देखो, तुम मालिक (Owner) हो और मैं एक कर्मचारी (Employee) ही रहा। है न यह किस्मत का खेल?

कर्नल ने कहा - जब तुमने चर्चा कर ही दी है तो मैं तुम्हें 30 साल पहले की एक घटना सुनाता हूँ। 30 साल पहले, एक दिन, दिन भर की कड़ी मेहनत करने के बाद, हम दोनों बैरेक में सोने के लिए चल पड़े। बैरक तक पहुँचने के लिए हमने दो मील का सफर पैदल तय किया। बैरक पहुँचने पर अचानक मुझे याद आया कि कार्यालय (Office) की लाइट और पंखा बंद करना भूल गए हैं। यह बात मैंने तुम्हें बताई। इस पर तुमने क्या कहा याद है? तुमने कहा कि सुबह से रात तक, कड़ी मेहनत करने के बाद, दो मील चलकर बैरक पहुँचे हैं। अगर कार्यालय जाते हैं तो दो मील चलना पड़ेगा और फिर आते समय दो मील और चलना पड़ेगा। तुम्हें पता है समय क्या हो रहा है? इस समय रात के 9.30 बजे हैं। इस तरह, जब हम वहाँ जाकर वापस आएँगे, तब तक 10.30 बज जाएगा। तुम्हारी समस्या क्या है दोस्त? सिर्फ एक लाइट और पंखे की ही तो बात है। फिर इसमें बड़ा सौदा (Big Deal) क्या है? एक लाइट और एक पंखा ही तो है। वैसे भी यह सरकार

की है। तुम कुछ भी कहो, मैं तो जाने वाला नहीं और यह कहकर तुम सोने चले गए। फिर मैं अकेले ही कार्यालय गया, लाइट और पंखा बंद करके वापस बैरक आया, तब जाकर सोया।

अब मैं तुम्हें जो बताने जा रहा हूँ, ध्यान से सुनो। मैंने और तुमने, एक ही दिन सेना ज्वाइन की, ठीक है। तुम्हें 1000 रुपए मिलते थे, मुझे भी 1000 रुपए मिलते थे, यह भी ठीक है। तुमने कहा कि तुम पहले भी कर्मचारी थे और आज भी कर्मचारी हो। यह भी ठीक है। परन्तु उस रात को मैं मालिक (Owner) था और तुम कर्मचारी (Employee) थे, इसलिए मैं आज भी मालिक हूँ और तुम एक कर्मचारी।

जिम्मेदारी और जवाबदेही स्वीकार करने के बाद ही कोई मालिक बन पाता है।

श्लोक : 4.13

श्लोक : चातुर्वर्ण्यं मया सृष्टं गुणकर्मविभागशः ।
तस्य कर्तारमपि मां विध्द्यकर्तारमव्ययम् ॥ 13 ॥

अर्थ : प्रकृति के तीनों गुणों और उनसे सम्बद्ध कर्म के अनुसार, मेरे द्वारा मानव समाज के चार विभाग रचे गए हैं। यद्यपि मैं इस व्यवस्था का सृष्टा हूँ, किन्तु तुम यह जान लो कि मैं न तो कोई कर्म करता हूँ और न ही मुझ में कोई परिवर्तन होता है।

भगवान कृष्ण कहते हैं - सृष्टि की रचना में मनुष्यों का निर्माण करते समय मैंने उन्हें प्रकृतिजन्य गुणों (सतोगुण, रजोगुण, तमोगुण) और कर्मों के अनुसार चार विभागों में बाँट दिया है। इस रचना का अर्थ यह है कि मनुष्य अपने विभाग के अनुसार वह कर्म करे जिसमें वह पारंगत है। जब सही व्यक्ति सही काम पर लगता है, तो समाज में सामंजस्य बना रहता है। समाज की प्रगति होती रहती है।

यहाँ गुण का आशय मनोविज्ञान से है अर्थात् मानसिक शक्ति। सोचने, विचारने के अनुसार मनुष्य का झुकाव बनता है। अच्छी सोच वाले मनुष्य के व्यक्तित्व में ईमानदारी, सच्चाई, दृढ़ इच्छा-शक्ति, ईश्वर से लगाव और

परोपकारी स्वभाव आदि अच्छे गुण मौजूद रहते हैं। वहीं बुरी सोच वाले व्यक्ति में अहंकार, लोभ, क्रूरता और विनाशकारिता आदि प्रवृत्ति के गुण बनते हैं। इसी तरह यहाँ कर्म का आशय है शारीरिक शक्ति। शरीर की बनावट। शरीर की काम करने की क्षमता। चार विभाग इस प्रकार हैं - 1. बुद्धिमान वर्ग (ब्राह्मण) 2. प्रशासनिक वर्ग (क्षत्रिय), 3. व्यापारिक वर्ग (वैश्य) और 4. सहायक वर्ग (शूद्र)। यदि ब्राह्मण को क्षत्रिय या वैश्य का काम दे दिया जाए तो वह असफल हो जाएगा। इसी तरह, किसी भी व्यक्ति को, उसके विभाग का काम न देकर, किसी दूसरे विभाग का काम दे दिया जाए तो व्यवस्था बिगड़ जाएगी। **भगवान कृष्ण ने कार्य वितरण का आधार कर्म-प्रधान माना है, न कि जन्म। सृष्टि की रचना (जन्म) कर्म की सहायता से होती है और सृष्टि को टिके रहने के लिए, लगातार कर्म करना पड़ता है। इसलिए कर्म ही प्रधान है।**

आधुनिक प्रबंधन के दृष्टिकोण से देखें तो इस श्लोक में, भगवान श्रीकृष्ण ने हजारों साल पहले समाज की व्यवस्था बनाये रखने के लिए, "सही व्यक्ति को सही काम पर लगाने (Put the Right Man on the Right Job)" का ज्ञान दिया है। प्रबंधकीय नेतृत्व के सिद्धांतो में इसे प्रत्यायोजन (Delegation) कहते हैं। यह प्रबंधन की मूल संकल्पनाओं (Concepts) में से एक है। प्रत्यायोजन (Delegation) सबसे महत्वपूर्ण कौशलों (Skills) में से एक है, जो प्रबंधक (Manager) में होनी चाहिए। जरूरत से अधिक परिश्रम करने वाले, थके हुए प्रबंधक अक्सर वे लोग होते हैं, जो नहीं जानते कि प्रत्यायोजन क्या है और कैसे करना चाहिए। एक व्यक्ति की, एक दिन में स्वयं कार्य करने की क्षमता सीमित होती है। लेकिन प्रत्यायोजन के माध्यम से वह और बहुत कुछ हासिल कर सकता है। आधुनिक समय में, कोई भी उद्योग या संस्थान, बिना प्रत्यायोजन किये, सुचारु और प्रभावी ढंग से नहीं चलाया जा सकता।

अब प्रश्न उठता है किस काम का प्रत्यायोजन (Delegation) करें और किसका न करें। जिस कार्य में क्षमता का स्तर 8/10 है उसे 9/10 या 10/10 पर ले जाना चाहिए और जिस कार्य में क्षमता का स्तर 3/10 या कम है, उसे किसी और से कराना चाहिए अर्थात् प्रत्यायोजित कर देना

चाहिए। प्रत्यायोजन (Delegation) का अर्थ है ऐसे काम को उस व्यक्ति को दें जो इसे बेहतर ढंग से कर सकता हो।

इतिहास में अकबर को महान इसलिए कहा जाता है कि उन्होंने शासन करने के लिए नवरत्न तैयार किए थे। पूरे देश की व्यवस्था सुचारु और प्रभावी ढंग से चलाई थी। यह प्रत्यायोजन की एक सुंदर ऐतिहासिक मिसाल है।

यह बात ध्यान देने योग्य है कि कार्य के परिणाम के लिए वही व्यक्ति जिम्मेदार होता है जो अपने अधिकार उस कार्य को सम्पादित करने के लिए दूसरे को सौंपता है अर्थात प्रत्यायोजित करता है। इसलिए प्रत्यायोजन करते समय, कार्य की जिम्मेदारी किसी योग्य व्यक्ति को ही सौंपनी चाहिए।

**"Delegator is responsible for the result,
not the Delegatee."**

श्लोक : 4.34

श्लोक : तद्विद्धि प्रणिपातेन परिप्रश्नेन सेवया ।
उपदेक्ष्यन्ति ते ज्ञानं ज्ञानिनस्तत्त्वदर्शिनः ॥ 34 ॥

अर्थ : तुम गुरु के पास जाकर, सत्य का ज्ञान, सविनय आदर द्वारा, प्रश्नोत्तर द्वारा और गुरु की सेवा करके प्राप्त करो। परम सत्य को जानने वाले गुरु, तुम्हें उस ज्ञान का उपदेश अवश्य करेंगे।

भगवान श्रीकृष्ण कहते हैं कि शिक्षा सभी के जीवन के लिए बहुत जरूरी है और इसे प्राप्त करने का तरीका भी बताया है। गुरु-शिष्य परम्परा की महत्ता समझाई है। भगवान श्रीकृष्ण का कहना है कि गुरु से ज्ञान प्राप्त करने की तीन शर्तें हैं – एक, शिष्य को चाहिए कि श्रद्धा और भक्तिपूर्वक गुरु के सामने आत्मसमर्पण करे। दूसरा, उनके पास रह कर उनकी आज्ञा का पालन करना और सेवा करना। तीसरा, जब तक विषय समझ में न आए, तब तक शिष्य को गुरु से नम्रतापूर्वक प्रश्न पूछते रहना चाहिए। जिस प्रकार बछड़े के वात्सल्य भाव को देखकर गौ के स्तनों में बच्चे के लिए दूध का स्रोत बहने लगता है, वैसे ही शिष्य की समर्पण और

सेवा भावना को देखकर गुरु के अंतःकरण में, उस शिष्य को उपदेश देने के लिए, ज्ञान का समुद्र उमड़ आता है।

आधुनिक प्रबंधन के दृष्टिकोण से देखें तो भगवान कृष्ण ने, इस श्लोक में "सीखने के सिद्धांत (Principles of Learning)" का ज्ञान दिया है। समाज के विकास, संस्थानों की सफलता और व्यक्तिगत प्रसन्नता के लिए, शिक्षा जरूरी है। सीखने की गहरी इच्छा गुरु के पास जाने से ही पूरी हो सकती है। आधुनिक उद्योग जगत में, कर्मचारियों को नौकरी (Career) में आगे बढ़ने की विधि बताई गई है। विधि यह है कि अपने लीडर के आगे समर्पण कर दो और उनके बताए दिशा निर्देशों के अनुसार ईमानदारी से कार्य करो। कोई बात समझ में न आए तो, नम्रता से प्रश्न करते हुए उसकी जानकारी हासिल करें। इस तरह से भरोसा बढ़ता है और उन्नति होती रहती है।

जिज्ञासा में बड़ी शक्ति होती है। प्रश्नों से संसार में बड़े-बड़े अनुसंधान हुए हैं। प्रश्नों से ही भागवतम् कथा सुनने की शुरुआत हुई थी। यह एक पौराणिक कथा है।

महाराज परीक्षित की भागवतम् सुनने की कथा :

महाभारत के अनुसार, महाराज परीक्षित अर्जुन के पौत्र, अभिमन्यु और उत्तरा के पुत्र तथा जनमेजय के पिता थे। परीक्षित एक बड़े राजा थे। महाराज परीक्षित को एक अपराध के कारण श्राप मिल गया था कि सात दिन में उनकी मृत्यु हो जाएगी। ऋषि के श्राप को अटल समझकर, जब मृत्यु नजदीक आई, तो उन्होंने जनमेजय को राजगद्दी पर बैठा दिया और स्वयं साम्राज्य छोड़कर हरिद्वार के नजदीक चले गए। वहाँ जाकर उन्होंने पूछा कि जिसकी मृत्यु आने वाली हो उसे क्या करना चाहिए। वहीं ऋषि सुकदेव आए हुए थे। परीक्षित को जब सुकदेव गोस्वामी के बारे में पता चला तो वे उनके पास गए और यही प्रश्न किया - जिसकी मृत्यु नजदीक हो, उसे क्या करना चाहिए? सुकदेव ऋषि ने कहा - उसको भागवत सुनना चाहिए। तो परीक्षित जी ने कहा – गुरुदेव! क्या आप मुझे भागवत सुनाएँगे? सुकदेव जी ने भागवत सुनाना स्वीकार कर लिया। महाराज परीक्षित जी

वहीं पर बैठ गए और सुकदेव महाराज ने भागवत पुराण सुनाना शुरू कर दिया। उनके साथ-साथ वहाँ 50,000 ऋषि बैठे थे। सबने सात दिन और सात रात तक भागवत पुराण सुना।

गुरुर्ब्रह्मा गुरुर्विष्णु, गुरुर्देवो महेश्वरः ।
गुरु साक्षात पर ब्रह्म, तस्मै श्री गुरुवे नमः ॥

- स्कंद पुराण

गुरु कुम्हार शिष कुम्भ है गढ़ि गढ़ि काढ़ै खोट,
अंतर हाथ सहार दे बाहर बाहे चोट।

- संत कबीर

श्लोक : 4.39
श्लोक : श्रद्धावान् लभते ज्ञानं तत्परः संयतेन्द्रियः ।
ज्ञानं लब्ध्वा परां शान्तिमचिरेणाधिगच्छति ॥ 39 ॥

अर्थ : जिस व्यक्ति में श्रद्धा भावना है, जो ज्ञान पाने के लिए तत्पर है और जिसने अपनी इंद्रियों को वश में कर रखा है, वही ज्ञान पाने का अधिकारी है। इसे प्राप्त करते ही वह तुरंत आध्यात्मिक शांति को प्राप्त कर लेता है।

भगवान श्रीकृष्ण का कहना है कि अज्ञानता के अँधेरे को ज्ञान की रोशनी से काट देना चाहिए। ज्ञान पाने के लिए, इन्द्रियों पर संयम और गुरु के प्रति श्रद्धा जरूरी है। जब आप गुरु को ध्यान से सुनते हैं, तब ज्ञान मिलता है और बड़े काम किए जाते हैं।

स्वामी प्रभुपादजी महाराज ने गुरु से ज्ञान प्राप्त करने के बाद उनके निर्देश पर भगवद्गीता का ज्ञान पूरे विश्व में फैलाया। संघर्ष करते हुए, थोड़े समय में, इतने बड़े काम को अंजाम देना असंभव सा लगता है। प्रभुपादजी महाराज का पूरा जीवन ही प्रेरणादायक है।

स्वामी श्रीसिला प्रभुपाद जी महाराज :

स्वामी श्रीसिला प्रभुपाद जी देशभक्त और कृष्णभक्त थे। 1922 में जब वह अपने आध्यात्मिक गुरु भक्ति सिद्धांत सरस्वती ठाकुर से मिले, तो उन्होंने एक ही निर्देश दिया कि तुम पढ़े-लिखे हो, इसलिए भगवद्गीता का ज्ञान पूरी दुनिया में देकर आओ। स्वामी प्रभुपाद जी ने 1966 में अमेरिका में "इन्टरनेशनल सोसाइटी फार कृष्णा कांशसनेस (International Society For Krishna Consciousness)" ISKCON की स्थापना की और भगवान कृष्ण की गीता का ज्ञान पूरे विश्व में फैलाया। 1976 तक 5.5 करोड़ किताबें 25 भाषाओं में, पूरी दुनिया में पहुँचा चुके थे। केवल 12 साल में 22000 पेज लिखे, 18000 श्लोकों का अनुवाद किया। वे 22 घंटे काम करके 2 घंटे आराम करते थे।

स्टीव जॉब्स (Steve Jobs) ने आत्मकथा में बताया है कि वे कैसे हर रविवार को 7 किलोमीटर पैदल चलकर इस्कॉन (ISKCON) में भोजन करने जाया करते थे।

यदि आधुनिक प्रबंधन के दृष्टिकोण से देखें तो इस श्लोक में भगवान श्रीकृष्ण ने एक सफल नेतृत्वकर्ता (लीडर) के लिए ज्ञान (Knowledge) का होना आवश्यक बताया है। ज्ञान का अर्थ है - ज्ञान की शक्ति से मनुष्य का अपने जीवन पर पूर्ण नियंत्रण रहता है। यह मनुष्य की उस शक्ति का स्रोत है जो उसे ब्रह्माण्ड के अन्य प्राणियों से अलग करती है। ज्ञानी व्यक्ति यह जानता है कि क्या सही है और क्या गलत। नेतृत्व की विभिन्न शैलियों पर लिखते समय, सभी प्रबंधन लेखकों ने यह माना है कि "ज्ञान" विश्व के सभी महान लीडरों के गुणों की सार्वभौमिक आंतरिक संरचना का प्रमुख घटक है। "सीखते रहना" एक लीडर के लिए जीवन भर का निरंतर प्रयास है। यह सच है कि वास्तव में लोगों के समूह पर अक्सर उसी व्यक्ति का प्रभुत्व होता है, जो भविष्य को स्पष्ट रूप से देख सकने की काबिलियत रखता है।

"KNOWLEDGE IS POWER"

विद्वत्वं च नृपत्वं च नैव तुल्यं कदाचन ।
स्वदेशे पूज्यते राजा विद्वान सर्वत्र पूज्यते ॥

श्लोक : 4.40

श्लोक : अज्ञश्चाश्रद्दधानश्च संशयात्मा विनश्यति ।
नायं लोकोऽस्ति न परो न सुख संशयात्मन: ॥ 40 ॥

अर्थ : जो मनुष्य अज्ञानी है, जिसमें श्रद्धा नहीं है और जो संशयग्रस्त है, वह नष्ट होकर रहता है। संशयी व्यक्ति के लिए न तो इस लोक में और न ही परलोक में कोई सुख है।

भगवान कृष्ण का कहना है कि जिस व्यक्ति में ज्ञान नहीं है, श्रद्धा का नामोनिशान नहीं है और हमेशा संदेह के घेरे में रहता है, उसका विनाश निश्चित है।

प्रबंधन के दृष्टिकोण से देखें तो भगवान कृष्ण के कहने का अर्थ यह है कि संस्थान के प्रति भरोसा और निष्ठा आवश्यक है। जो कर्मचारी (Employee) संस्थान के प्रति वफादार नहीं होते और अपने लीडर पर यकीन नहीं रखते हैं, उन्हें नौकरी से निकाल दिया जाता है और फिर उन्हें किसी दूसरे संस्थान में भी जगह नहीं मिलती। यदि आपके संगठन (Team) में कोई ऐसा व्यक्ति है जिसे उत्पाद के बारे में ज्ञान नहीं है, जो संस्थान की कम और अपने फायदे के बारे में ज्यादा सोचता है और हमेशा संदेह में घिरा रहता है कि संस्थान में उसका भला होने वाला है कि नहीं, ऐसा व्यक्ति फिर किसी काम का नहीं होता। ऐसे व्यक्ति का विनाश निश्चित है।

अध्याय - 5

कर्म सन्यास योग
(सभी कर्म ईश्वर को समर्पित)

प्रस्तावना :

इस अध्याय में कर्म का अर्थ है कर्मयोग और संन्यास का अर्थ है सांख्ययोग। संन्यास, ज्ञानयोग और सांख्ययोग ये सब आपस में पर्यायवाची शब्द हैं। इस अध्याय में भगवान श्रीकृष्ण ने कर्मयोग व ज्ञानयोग के तथ्यों पर तुलनात्मक व्याख्यान (उपदेश) दिया है। इसमें संन्यासियों के गुणों और उनकी कार्यप्रणाली का भी विशेष वर्णन है।

सारांश :

अर्जुन कहते हैं - हे कृष्ण! एक तरफ तुम कर्मों के त्याग यानी संन्यास की प्रशंसा करते हो और दूसरी तरफ निस्वार्थ कर्म करने यानि युद्ध करने का उपदेश दे रहे हो। हे भगवन! सुनिश्चित रूप से, मुझे यह बताएँ कि दोनों में से मेरे लिए कौन सा अधिक अच्छा है।

भगवान श्रीकृष्ण कहते हैं - हे पार्थ! ज्ञानयोग और कर्मयोग दो अलग-अलग रास्ते जरूर हैं, परंतु उनका लक्ष्य एक ही है। दोनों रास्तों से, साधक ब्रह्म को ही पाना चाहता है। इसलिए दोनों योग उत्तम हैं। परंतु ज्ञान पर

समदर्शिता (हर प्राणी मे ईश्वर को देखना)

आधारित सांख्ययोग की साधना कठिन है। इसके मुकाबले कर्मयोग की साधना आसान है। इसलिए कर्मों को त्याग देने (संन्यास अथवा ज्ञानयोग) की अपेक्षा निस्वार्थ कर्म करना (कर्मयोग) बेहतर है।

एक संन्यासी, किसी भी प्रकार के, रिश्ते-नातों के बंधन में नहीं होता, किसी वस्तु या मनुष्य से न तो घृणा करता है और न ही प्रेम करता है। कोई इच्छा नहीं रखता है और सुख-दुख, सर्दी-गर्मी सब में समान सा रहता है। फिर वह कर्म करता हो या न करता हो, आसानी से बंधनों (पाप-पुण्य) से मुक्त रहता है। अज्ञानी मनुष्य ज्ञानयोग और कर्मयोग को अलग-अलग मानते हैं पर ज्ञानी नहीं। दोनों रास्तों का लक्ष्य एक ही होता है परमात्मा की अनुभूति, इसलिए वह दोनों को एक ही समझता है।

हे अर्जुन! बिना कर्म (परिश्रम) किए ज्ञान नहीं मिलता और बिना ज्ञान के संन्यास मार्ग पर चलना कठिन है जबकि निष्काम कर्मयोग के रास्ते से, निष्ठापूर्वक धर्मानुसार (नैतिकता से) कर्म करते हुए मनुष्य आसानी से परमात्मा को पा सकता है।

इसलिए हे अर्जुन! **संन्यास-मार्ग या सांख्ययोग की जटिलताओं और कठिनाइयों के कारण मैंने कर्मयोग को बेहतर कहा है।**

कर्मयोग के विषय में भगवान आगे कहते हैं - जो मनुष्य अनासक्त होकर कर्म करता है वह आत्मा से शुद्ध रहता है। जिसने अपनी इंद्रियों को वश में किया हुआ है जो सभी जीवों को अपने समान ही मानता है, ऐसा मनुष्य कर्म करते हुए भी सबसे अलग रहता है अर्थात ऐसे मनुष्य को बोलने–चालने, देखने, स्पर्श करने आदि क्रियाओं को करते हुए भी ऐसा लगता है कि उसकी ये सारी क्रियाएँ, इंद्रियाँ स्व-नियंत्रित होकर अपने-अपने धर्मानुसार कर रही हैं। वह मन से स्वयं कुछ नहीं कर रहा होता अर्थात उसके मन में किसी प्रकार की आसक्ति की भावना नहीं होती। इस तरह जो मनुष्य आसक्ति को त्यागकर, कर्मफलों को ईश्वर को समर्पित करते हुए कर्म करता है, उसे पाप उसी प्रकार स्पर्श नहीं करते जैसे पानी में रहने के बावजूद कमल का पत्ता पानी से अछूता रहता है।

हे अर्जुन! जिस मनुष्य ने आसक्ति त्यागने का अभ्यास कर लिया है उसका शरीर, मन व बुद्धि कर्म करते हुए भी कर्मफल के संग नहीं रहती, वह अहंकाररहित होकर शांति महसूस करता है। ऐसा मनुष्य इस नौ

दरवाजे वाले देहरूपी नगर (शरीर) में सब कर्मफलों का मन से त्याग करके स्वयं कुछ न करता हुआ सुख से रहता है।

तदुपरांत, श्रीकृष्ण अपनी शिक्षा का मर्मभेद स्पष्ट करते हुए अर्जुन से कहते हैं - हे पार्थ! वैसे तो परमात्मा हर जगह मौजूद हैं, फिर भी वह स्वयं कुछ नहीं करते। परमात्मा न तो मनुष्य के कर्तापन की, न तो कर्म की और न ही कर्मफल के संयोग की रचना करते हैं। प्रत्येक जीव, सृष्टि के नियमों के अधीन होने से, यह सब, प्रकृति के तय गुणों के प्रभाव में स्वयं ही करता है। इसलिए सर्वव्यापी परमात्मा न तो किसी का पाप ग्रहण करता है, और न ही किसी का पुण्य। जिन मनुष्यों की बुद्धि अज्ञानता (दंभ, कामनाएँ, लोभ आदि) के अंधकाररूपी आवरण से ढकी रहती है, वे विवेकहीन हो जाते हैं। इसके विपरीत जिसने ज्ञान की रोशनी से अपनी बुद्धि से अज्ञानता को नष्ट कर लिया है, उन्हें अपनी आत्मा के अंदर परमात्मा के दर्शन होते हैं और वे परमसुख पाते हैं।

हे अर्जुन! मैं सर्वव्यापी हूँ, हर जगह मौजूद हूँ, क्योंकि इस विश्व के गर्भ में मैं ही समाया हुआ हूँ। ज्ञानीजन अपने ज्ञान-चक्षुओं से, मुझे हर जगह हर प्राणी के अंदर देख सकते हैं। एक विद्वान ब्राह्मण में भी मैं हूँ, एक चांडाल के अंदर भी मैं हूँ, गौ में भी मैं हूँ, एक कुत्ते में भी मैं हूँ, हाथी में भी मैं हूँ, तो चींटी में भी मैं हूँ आदि, आदि।

ज्ञानियों की विशेषताओं का वर्णन करते हुए भगवान श्रीकृष्ण कहते हैं - हे अर्जुन! मनुष्य जैसा और जिसका चिंतन करता है, वैसा हो जाता है। हर परिस्थिति में, समबुद्धि रखने वाले मनुष्य के लिए, कोई अपना पराया नहीं होता, बल्कि उसने सभी जीवों के साथ एकता साध रखी है और पूरे विश्व को अपना समझता है। इस तरह वह परमात्मा के नजदीक हो जाता है, क्योंकि परमात्मा सर्वव्यापी है। अपना प्रिय करने वालों पर रीझता नहीं, और गाली देने वालों पर खीझता नहीं। उसका मन उसके काबू में रहता है और फिर यही मन उसे आत्मा के अंदर ले जाकर परमात्मा के दर्शन कराता है तथा परमानंद का अनुभव कराता है।

हे अर्जुन! विषयों के पीछे भागकर इंद्रियों से मिलने वाला सुख केवल दुख को ही जन्म देता है। वहीं अनासक्त मनुष्य इंद्रियों को वश में रखकर,

अपने भीतर आत्मा में परमात्मा के दर्शन करके, सहज ही सभी सुख और शांति प्राप्त कर लेता है।

कर्म एवं ज्ञानयोग के विषय में इतना कहने बाद, भगवान श्रीकृष्ण ने, संन्यासियों द्वारा परमात्मा की प्राप्ति के लिए किए जाने वाले ध्यानयोग (प्राणायाम) की साधना का वर्णन किया है। भगवान कहते हैं - हे अर्जुन! कई पुरुष आध्यात्मिक सिद्धियों के लिए, प्राणायाम पर आधारित क्रियाओं द्वारा साधना करते हैं। इस साधना में मनुष्य बाहरी विषयों से ध्यान हटाकर, दृष्टि को भौहों के बीच में स्थिर करके, नासिका में अंदर एवं बाहर जाने वाली श्वासों को, समान करके, कभी अपान वायु में प्राण वायु का, और कभी प्राण वायु में अपान वायु का हवन करते हैं। ऐसा करते समय योगी इंद्रियाँ, मन व बुद्धि को अपने वश में रखते हैं जिससे परमात्मा के दर्शन सुलभ हो जाते हैं।

प्राणायाम आदि के प्रयोगों से, मनुष्य इच्छा, काम, क्रोध आदि विषयों से दूर रहकर, जब अपनी आत्मा में झाँकता है और मुझे ही सबका महेश्वर, मित्ररूप, सारे यज्ञों और तपों का भोक्ता समझकर असीम शांति का अनुभव करता है।

प्रबंधन अवधारणाएँ :

श्लोक : 5.18

श्लोक : विद्याविनयसंपन्ने ब्राह्मणे गवि हस्तिनि ।
शुनि चैव श्वपाके च पण्डिताः समदर्शिनः ॥ 18 ॥

अर्थ : विद्वान और विनयशील ब्राह्मण में, गाय में, हाथी में, कुत्ते में और कुत्ते को खानेवाले मनुष्य यानि चांडाल में ज्ञानी समान दृष्टि रखते हैं। (ब्राह्मण और चांडाल के प्रति समभाव रखने का अर्थ यह है कि ब्राह्मण को साँप काटने पर उसके घाव को ज्ञानी जिस प्रकार चूस कर उसका विष दूर करने का प्रयत्न करेगा, वैसा ही बरताव चांडाल के साथ भी साँप काटने पर करेगा।)

भगवान श्रीकृष्ण कहते हैं कि ज्ञानी मनुष्य विभिन्न प्राणियों में, जैसे

रामसेतु निर्माण और गिलहरी

मनुष्य, हाथी, पक्षी, जलचर, चींटी आदि में कोई भेद नहीं मानता। मनुष्यों में भी चाहे ब्राह्मण हो या फिर चाण्डाल, अमीर हो या गरीब, किसी भी रंगरूप का हो या कद काठी का, सभी को समान मानता है। उसकी दृष्टि में शरीरगत भेद अर्थहीन होते हैं। वह जानता है कि परमात्मा बिना किसी भेदभाव के सभी शरीरों में विद्यमान हैं। इसलिए ज्ञानी मनुष्य सबको समान दृष्टि से देखता है फिर चाहे वह कोई भी हो और किसी भी स्तर का हो।

आधुनिक प्रबंधन के दृष्टिकोण से देखें तो, हजारों साल पहले, भगवान श्री कृष्ण ने, इस श्लोक में "संगठन प्रबंधन और समूह की गतिशीलता (Team Management and Group Dynamics)" का ज्ञान दिया है। उनका कहना है कि इस श्लोक के ज्ञानी मनुष्य की तरह संगठन के मुखिया (Team Leader) को संगठन के सभी सदस्यों को समान दृष्टि से देखना चाहिए। टीम प्रबंधन टीम लीडर पर निर्भर करता है कि वह किस प्रकार से समूह को प्रशासित करते हुए और आपस में सामंजस्य बैठाते हुए, समूह के कार्य का निष्पादन (Execution) करता है। किसी संस्थान की सफलता इसी बात पर निर्भर करती है कि टीम प्रबंधन कितना अच्छा और प्रभावी है। मुखिया (Team Leader) जब समूह के सदस्यों से बिना किसी भेद भाव के समान व्यवहार और समान दृष्टि रखता है तब सदस्य अपने को महत्वपूर्ण महसूस करते हैं। एक दूसरे के प्रति विश्वास और सामूहिक निर्णय के प्रति जिम्मेदारी लेने लगते हैं। उनकी कार्य क्षमता बढ़ जाती है और संस्थान को अच्छे परिणाम मिलने लगते हैं।

टीम प्रबंधन को समझने के लिए, भगवान श्रीराम की एक पौराणिक कथा सुनते हैं।

रामायण की कहानी : राम सेतु और गिलहरी

भगवान श्री राम को जब पता चला कि माता सीता को रावण ने लंका में कैद कर रखा है, तब उन्होंने लंका पर चढ़ाई करने का निर्णय लिया। लंका चारों ओर से समुद्र से घिरा हुआ, एक टापू है। वहाँ जाने के लिए समुद्र के ऊपर पुल बनाना था। वानर लोगों ने कहा प्रभु हम मदद करते हैं। वानर सेना पुल बनाने के काम में लग जाती है। पुल बनाने के लिए, बड़े-बड़े

पत्थर उठाकर समुद्र में डालने लगे और बोलने लगे जय श्री राम। चट्टानें समुद्र में डूबने के बजाय तैरने लगी। यह देखकर सभी वानर काफी खुश होते हैं और तेजी से पुल बनाने के लिए वे समुद्र में पत्थर फेंकने लगते हैं। भगवान राम पुल बनाने के लिए, अपनी सेना के उत्साह, समर्पण और जुनून देखकर काफी हर्षित थे।

उसी वक्त, वहाँ एक छोटी सी गिलहरी आई और वह छोटा सा कंकड़ मुँह में लेती और वहाँ पुल पर जाकर छोड़ आती। उसे ऐसा बार-बार करते हुए देखकर कुछ वानरों को गुस्सा आ गया। उन्होंने कहा – "हे गिलहरी! तुम इतनी छोटी सी हो, समुद्र से दूर रहो। कहीं ऐसा न हो कि तुम इन्हीं पत्थरों के नीचे दब जाओ।" यह सब सुनकर गिलहरी दुखी हो जाती है। भगवान राम भी दूर से यह सब होता देख रहे थे। गिलहरी रोते-रोते भगवान राम के समीप पहुँच जाती है। परेशान गिलहरी श्रीराम से सभी वानरों की शिकायत करती है। तब भगवान श्रीराम वानर सेना को बुलाते हैं और दिखाते हैं कि गिलहरी ने जिन कंकड़ों व छोटे पत्थरों को फेंका था, कैसे वे बड़े पत्थरों को एक दूसरे से जोड़ने का काम कर रहे हैं। भगवान राम कहते हैं - "अगर गिलहरी इन कंकड़ों को नहीं डालती तो तुम्हारे द्वारा फेंके गए सारे पत्थर इधर-उधर बिखरे रहते। गिलहरी द्वारा फेंके गए ये कंकड़ ही हैं, जो इन्हें आपस में जोड़े हुए हैं। पुल बनाने के लिए गिलहरी का योगदान भी वानर सेना के सदस्यों जैसा ही अमूल्य है।"

इतना सब कहकर भगवान राम गिलहरी को अपने हाथ में उठाते हैं और सराहना करते हुए उसकी पीठ पर बड़े ही प्यार से हाथ फेरने लगते हैं। भगवान के हाथ फेरते ही गिलहरी के छोटे से शरीर पर उनकी उंगलियों के निशान बन जाते हैं। तब से माना जाता है कि गिलहरियों के शरीर पर मौजूद सफेद धारियाँ और कुछ नहीं बल्कि भगवान श्रीराम की उंगलियों के निशान हैं।

वानरों ने मिलकर तीस किलोमीटर (30 km) लम्बा और तीन किलोमीटर (3 km) चौड़ा पुल महज पाँच दिनो में बनाकर तैयार कर दिया।

यह टीम प्रबंधन का एक शानदार उदाहरण है।

अध्याय - 6

ध्यानयोग
(परमात्मा से सम्पर्क)

प्रस्तावना :

इस अध्याय में भगवान श्रीकृष्ण ने परमात्मा को साधने के लिए, उनमें मन लगाने के लिए, एक आसान यौगिक क्रिया, प्राणायाम का वर्णन किया है। प्राणायाम से एकाग्रचित्त होकर ईश्वर में ध्यान लगाने में आसानी होती है। संभव है कि सामान्य जनता के लिए ध्यानयोग कर पाना कठिन हो, इसलिए भगवान ने निष्काम भाव से कर्म करने को ही सर्वश्रेष्ठ माना।

सारांश :

भगवान श्रीकृष्ण कहते हैं - हे अर्जुन! जो मनुष्य कर्मफल की इच्छा न रखते हुए, उस काम को करता रहता है जो उसे करना चाहिए, वही संन्यासी कहलाता है और योगी भी कहलाता है। परंतु जो कर्मों का त्याग कर बैठता है और कुछ नहीं करता, उसे आलसी कहते हैं। कर्म किए बिना तो किसी की गुजर ही नहीं है। असल बात तो यह है कि इंद्रियों की इच्छाओं के पीछे दौड़ रहे मन के घोड़ों को रोकना सबसे जरूरी है। सांसारिक भोग-विलास की तरफ दिन-रात सोचने वाली इच्छाओं का त्याग करने की जरूरत है।

तब कहा जाता है कि ऐसे मनुष्य ने योग को साध लिया है, उसमें पारंगत हो गया है। वही सच्चा योगी है।

मनुष्य अपने भले-बुरे का स्वयं जिम्मेदार होता है। वह स्वयं ही अपना शत्रु बनता है और स्वयं ही अपना मित्र बनता है। जिसने मन को जीत लिया है वह स्वयं का मित्र है और जिसने मन को नहीं जीता वह अपना ही शत्रु है। मन को जीतने वाले की पहचान यह है कि उसके लिए सर्दी–गर्मी, सुख-दुख, मान-अपमान सब एक समान होते हैं। कर्मयोगी उसे कहते हैं, जिसे ज्ञान है, इंद्रियों पर नियंत्रण है और जिसके लिए सोना, मिट्टी या पत्थर सब समान हैं। वह शत्रु–मित्र, साधु-असाधु सबके प्रति समान भावना रखता है।

भगवान श्रीकृष्ण कहते हैं - हे अर्जुन! ध्यानयोग का उद्देश्य, परमात्मा से संपर्क करना है। परमात्मा का अंश अर्थात आत्मा मनुष्य के भीतर ही राज करती है। इसी आत्मा से संपर्क ही, प्रभु से मिलने का पहला चरण है। इसलिए हे अर्जुन! जो मुझसे मिलना चाहता है, उसे सबसे पहले अपने अंदर ही झाँकना चाहिए और यह तभी सम्भव हो सकता है जब मनुष्य का अपना शरीर उसके नियंत्रण में हो। यदि शरीर नियंत्रण में नहीं है तो मनुष्य कभी भी साधना के उद्देश्य को प्राप्त नहीं कर पाएगा। सुनो अर्जुन! मनुष्य को एकांत में बैठकर अपने मन को प्रभु के ध्यान में लगाना चाहिए क्योंकि एकांत में मनुष्य अपने भीतर आसानी से झाँक सकता है। वह स्थान भी पवित्र होना चाहिए, जहाँ ध्यान लगाया जाना है।

हे अर्जुन! मेरा ध्यान लगाते समय मनुष्य को चाहिए कि वह अचल बैठकर अपनी पीठ, सिर और गले को समान और सीधा रखे और अपनी दृष्टि को अपनी नाक के अगले भाग पर इस तरह जमाए कि दूसरी सारी दिशाएँ ओझल हो जाएँ। ऐसा करने से आसपास के वातावरण से उसकी इंद्रियों का संपर्क टूट जाएगा तब मनुष्य अपने अंतःकरण में आसानी से झाँक सकेगा।

हे अर्जुन! ऐसा मनुष्य मुझमे ध्यान नहीं लगा सकेगा, जिसके जीवन में संतुलन न हो। ध्यान लगाने में सफलता के लिए मनुष्य को संतुलन का पालन करने वाला होना चाहिए। मेरे भक्त को चाहिए कि वह न इतना खाए, कि यूँ लगे कि जैसे वह खाने के लिए ही जी रहा है। न ही इतना कम

खाए कि हड्डियों का ढाँचा बन जाए। न इतना सोए कि दिन को भी रात समझे और न इतना कम सोए कि रात को भी रात न समझे। यदि सुख मिले तो खुशियों से नाचने न लगे और यदि दुख मिले तो रो-रोकर अपने को हलकान न करे। सुख-दुख की हवा के झोंकों से न भड़कने-बुझने वाला मनुष्य, निर्वात में रखे उस दीपक की ज्योति की भाँति होता है, जो तेज हवा में भी सीधी और अडोल रहती है। ऐसे समय उसका मन उसके वश में होता है और फिर यही मन, मनुष्य को आत्मा में ले जाकर परमात्मा के दर्शन करता है।

अर्जुन कहते हैं - हे मधुसूदन! यह कहना तो बहुत आसान है कि तुम मन पर काबू पा लो, मन के स्वामी बन जाओ परंतु यही तो सबसे दुष्कर कार्य है। हे केशव! मन तो वायु की तरह चंचल है। जिस प्रकार बहती हुई हवा पर काबू पाना असंभव है, उसी प्रकार चंचल मन को अधीन करना अति दुष्कर कार्य है।

कृष्ण समझाते हैं - हे अर्जुन! तुम्हारा कहना सत्य है कि मन अति चंचल है। उसको वश में करना मुश्किल अवश्य है, पर असम्भव नहीं। इसे अभ्यास और वैराग्य द्वारा वश में किया जा सकता है। अभ्यास का अर्थ है कि जो करना उचित है जैसे नैतिक कार्य आदि उसे निरंतर करो और वैराग्य का मतलब है कि जो करना अनुचित है जैसे विषयों की लालसा, अनैतिक कार्य आदि उसे मत करो। जो मनुष्य इस तरह निरंतर प्रत्यनशील रहता है उसे सफलता अवश्य मिलती है।

अर्जुन ने फिर पूछा - हे केशव! मान लीजिए कि मनुष्य के मन में श्रद्धा है पर प्रयत्न मंद होने से वह सफल नहीं होता। ऐसे मनुष्य की क्या गति होती है? वह बिखरे बादलों की तरह नष्ट तो नहीं हो जाता?

भगवान श्रीकृष्ण शंका समाधान करते हुए कहते हैं - हे अर्जुन! ऐसा मनुष्य मरने के बाद, कर्मानुसार स्वर्गलोक में बसने के बाद, पृथ्वी पर लौट आता है और कुलीन घर में जन्म लेता है। यहाँ उसके संस्कारों में, पूर्व जन्म के विकसित पुण्य मौजूद रहते हैं। यहीं से अपने नए जीवन की यात्रा शुरू करते हुए प्रभु को पाने के सर्वोच्च लक्ष्य का प्रयत्न करता है। यों प्रयत्न करते-करते कोई जल्दी तो कोई अनेक जन्मों के बाद, अपनी श्रद्धा और प्रयत्न के बल के अनुसार प्रभु को पा ही जाता है।

अंत में भगवान श्रीकृष्ण कहते हैं - हे अर्जुन! निष्काम भाव से कर्म करने वाला कर्मयोगी तपस्वियों, शास्त्र ज्ञानियों और कर्मकांडियों से भी बड़ा होता है। इसलिए हे अर्जुन! तुम कर्मयोगी बनो और युद्ध करो।

प्रबंधन अवधारणाएँ :

श्लोक : 6.5 और 6.6

श्लोक : उद्धरेदात्मनाऽऽत्मानं नात्मानमवसादयेत् ।
आत्मैव ह्यात्मनो बन्धुरात्मैव रिपुरात्मनः ॥ 5 ॥

अर्थ : मनुष्य को चाहिए कि अपने मन की सहायता से अपना उद्धार करे और अपने को नीचे न गिरने दे। यही मन मनुष्य का मित्र भी है और शत्रु भी।

श्लोक : बन्धुरात्माऽऽत्मनस्तस्य येनात्मैवात्मना जितः ।
अनात्मनस्तु शत्रुत्वे वर्तेतात्मैव शत्रुवत् ॥ 6 ॥

अर्थ : जिसने मन को जीत लिया है उसके लिए मन सर्वश्रेष्ठ मित्र है, किन्तु जो ऐसा नहीं कर पाता है उसके लिए मन सबसे बड़ा शत्रु बन जाता है।

भगवान श्रीकृष्ण कहते हैं कि प्रत्येक व्यक्ति अपने जीवन और अपने जीवन के उत्थान एवं पतन के लिए स्वयं ही जिम्मेदार है। उसके साथ जो भी घटता है, उसका दोषारोपण किसी और पर नहीं कर सकता। मनुष्य को चाहिए कि मन को काबू में रखकर, अच्छी सोच और अच्छे कर्मों के माध्यम से, सदैव स्वयं का स्तर ऊँचा उठाने का प्रयास करे। किसी भी स्थिति में मन के ऊपर इंद्रियों को हावी न होने दे। मन को जीतकर रखना जरूरी है। जीता हुआ मन एक सर्वश्रेष्ठ मित्र की भाँति होता है जो मनुष्य को उन्नति के शिखर की ओर ले जाता है। हारा हुआ मन एक शत्रु की तरह होता है जो मनुष्य को निरन्तर पाप के गर्त की ओर ढकेलता रहता है।

आपने जीवन में बहुतों को यह कहते सुना होगा - "यार मैं तो मन का राजा हूँ। जो मन कहता है वही करता हूँ।" यह एक मूर्खतापूर्ण कथन

है। वह व्यक्ति मन का राजा नहीं बल्कि मन का गुलाम है। जो-जो मन ने कहा, वह-वह उसने किया तो वह मन का राजा कहाँ से हुआ, वह तो मन का गुलाम हुआ। उदाहरण के तौर पर- इम्तहान चल रहे हैं। मन कहता है कि अच्छी मूवी लगी है चलो देख आते हैं। ऐसे में अगर मूवी देखने जाता है तो वह मन का गुलाम ही हुआ क्योंकि उस वक्त सही काम इम्तहान की तैयारी करना और उसमें सफलता पाना है।

आधुनिक प्रबंधन के दृष्टिकोण से देखें तो इस श्लोक में, भगवान श्रीकृष्ण ने कहा है-"अपने मन को इस तरह ढालने की जरूरत है कि वह हमें सही रास्ते पर ले जा सके।" अर्थात मन को ढालने के लिए एक मनोवैज्ञानिक तकनीक का ज्ञान दिया है। आज का मनोविज्ञान यह मानता है कि आप निर्देश देकर अपने दिमाग को नियंत्रित कर सकते हैं। इन निर्देशों को मनोविज्ञान में आत्म-सुझाव कहा जाता है। आत्म-सुझाव (Auto-Suggestions) चेतन (Conscious) और अवचेतन मन (Sub–Conscious mind) दोनों को प्रभावित करते हैं। चेतन मन में सोचने की क्षमता होती है। यह स्वीकार या अस्वीकार कर सकता है। लेकिन अवचेतन मन स्वीकार ही करता है। **आत्म-सुझाव आपके अवचेतन मन को मनचाहे साँचे में ढालने का एक तरीका है।** आत्म-सुझाव दोहराव की एक प्रक्रिया है। यदि आप किसी कथन को बार-बार दोहराते हैं, तो वह आपके अवचेतन मन में समा जाता है और आपके दृष्टिकोण और व्यवहार में उसी के अनुसार परिवर्तन आने लगता है।

दिमाग कंप्यूटर प्रक्रिया गीगो (GIGO) यानि कचरा अंदर, कचरा बाहर (Garbage in, Garbage out) का अनुसरण करता है। इस का मतलब यह है कि मन के अंदर जैसा जाएगा वैसा ही बाहर आएगा।

नकारात्मकता अंदर ; नकारात्मकता बाहर

सकारात्मकता अंदर ; सकारात्मकता बाहर

अच्छा अंदर ; अच्छा बाहर

आत्म-सुझाव सकारात्मक कथन होने चाहिए जिन्हें सकारात्मक तरीके से वाक्यों में बनाया गया हो।

इस बात को समझने के लिए साइकिल सीखने का उदाहरण लेते हैं। हम सबने साइकिल चलाना कैसे सीखा, इसे याद करते हैं। पहले बच्चा चेतन मन के स्तर पर साइकिल को बार-बार चलाने का अभ्यास करता है। बार-बार के अभ्यास से सीखने की कला बच्चे के अवचेतन मन में बैठने लगती है। धीरे-धीरे बच्चा, पूरी समझ के साथ साइकिल चलाना इतनी अच्छी तरह सीख जाता है कि उसे अब सचेत रूप में सोचना नहीं पड़ता। साइकिल चलाते समय वह लोगों से बातें कर सकता है और दूसरों को हाथ से इशारा भी कर सकता है। इसका मतलब यह है कि साइकिल चलाने की योग्यता उसके अवचेतन मन में बैठ चुकी है। इस स्तर पर ध्यान देने और सोचने की जरूरत नहीं पड़ती क्योंकि यह हमारे व्यवहार में खुद-ब-खुद उतरने लगता है।

भगवान श्रीकृष्ण मनुष्य को अच्छी आदतों को आत्म-सुझाव के द्वारा इसी स्तर पर पहुँचाने का ज्ञान दे रहे हैं।

आइए अपने आस-पास होने वाली घटनाओं पर एक नजर डालते हैं।

अधिकांश आत्म-हत्याएँ, तकनीकी रूप से उन्नत और विकसित देशों जैसे जर्मनी, साउथ कोरिया, यू. एस. ए., जापान आदि में ज्यादा होती हैं। अमेरिका हर तरीके से सुविधासम्पन्न और शक्तिशाली देश है जिसने हर तरह की कठिनाइयों पर विजय प्राप्त की है। इन सब के बावजूद, आज हर दूसरा अमेरिकी यानि पचास प्रतिशत (50%) आबादी, साल में कम से कम एक बार मनोचिकित्सक के पास जरूर जाती है। एक मनोचिकित्सक एक दिन में इतने मरीज देखता है कि शाम होते-होते उसे खुद मनोचिकित्सक की जरूरत महसूस होती है। विकसित देशों में, सबसे ज्यादा उलझन वाले दिन को "फादर्स डे" कहते हैं। आधे लोग इस उलझन में रहते हैं कि "हैप्पी फादर्स डे" कहने के लिए मैं किसके पास जाऊँ और बाकी आधे इस उलझन में रहते हैं कि कोई भी आकर कह सकता है "हैप्पी फादर्स डे"।

भारत में, बंगलोर मिनी सिलिकॉन वैली, जहाँ सबसे ज्यादा बौद्धिक

वर्ग नौकरी करता है, धीरे धीरे सुसाइड सिटी बनता जा रहा है। जानते हैं ऐसा क्यों? क्योंकि तेज गति से चल तो रहे हैं लेकिन गलत दिशा में।

इन सब परेशानियों की वजह है - **"मन पर नियंत्रण की कमी।"** लोग दिशाहीन होते जा रहे हैं।

आइए देखते हैं स्कूलों में क्या हो रहा है। हम सब जानते हैं कि बच्चे स्वभाव से चंचल और नटखट होते हैं। पहले वो चाक(Chalk) से खेलते थे, शिक्षकों का ध्यान भटकाते थे, चलती कक्षा में चोरी से टिफिन खा लेते थे, किसी का सामान छुपा देते थे, आपस में झगड़े भी करते थे और बाद में साथ-साथ खेलते भी थे आदि-आदि। आज आप स्कूलों में जाओ। स्कूलों मे तीन सबसे गम्भीर समस्याएँ हैं - गाली-गलौज की भाषा, नशीली दवाओं की लत और किशोर गर्भावस्था। छात्रों द्वारा शिक्षकों और सहपाठियों को गोली मारकर हत्या करना, एक बड़ा संकट बन गया है। सभी परेशान हैं। क्यों?

यह सब **"मन पर नियंत्रण की कमी"** के कारण हो रहा है।

Don't take dictation of the mind,
Give dictation to the mind.

- Dr. Vivek Bindra

Until you realise, how easy it is for your mind to be manipulated, you remain puppet of someone else's game.

- Evita Ochet

श्लोक : 6.7

श्लोक : जितात्मनः प्रशान्तस्य परमात्मा समाहितः ।
शीतोष्णसुखदुःखेषु तथा मानापमानयोः ॥ 7 ॥

अर्थ : जिसने अपना मन जीता है और शान्ति प्राप्त कर ली है उसने परमात्मा को प्राप्त कर लिया है। क्योंकि ऐसे पुरुष के लिए सुख-दुख, शीत-ताप एवं मान-अपमान सब एक से हैं।

भगवान कृष्ण का कहना है कि मनुष्य का मन जब मायावी माया द्वारा

घिर जाता है तब वह भौतिक कार्य कलापों में उलझ जाता है परन्तु ज्योंहि मन नियंत्रण में आता है, उसी क्षण से मनुष्य को लक्ष्य पर पहुँचा हुआ मान लिया जाता है। मन को वश में करने से मनुष्य अच्छे कार्य करने लगता है। वह रास्ते में आने वाली विपत्तियों, सुख-दुख, सर्दी-गर्मी और मान-अपमान आदि से विचलित नहीं होता, लक्ष्य की तरफ बढ़ता ही रहता है। कहते हैं ऐसे मनुष्य का मन उसके नियंत्रण में है।

जीवन में आगे बढ़ने के लिए मन पर नियंत्रण जरूरी है। यदि आप मन को नियंत्रित करना सीख जाते हैं तो जीवन में महान काम कर सकते हैं। इतिहास के महापुरुषों जैसे स्वामी विवेकानन्द, महात्मा गाँधी, गुरु नानक, विंस्टन चर्चिल, अब्राहम लिंकन आदि सभी ने अपने मन को जीत लिया था और वे सब संसार से महान काम करके गए हैं।

जो लोग दिमाग को नियंत्रित नहीं कर सकते, उनकी विश्वास-प्रणाली (Belief System) यानि आत्मविश्वास बहुत कमजोर होता है। आमतौर पर ऐसे लोग अपनी कमजोरियों से आश्वस्त होते हैं और उसके साथ रहने के आदी हो जाते हैं और जीवन भर पीड़ित रहते हैं। इसके विपरीत जो लोग अपने मन को नियंत्रित कर लेते हैं, वे अपनी क्षमता से कई गुना ज्यादा काम कर जाते हैं और जीवन भर सुखी रहते हैं।

इस बात को समझने के लिए इन कहानियों पर गौर करें।

1. हाथी और रस्सी की कहानी :

उस विशाल हाथी के बारे में सोचिए जो एक पतली सी रस्सी और एक खूंटे से एक ही जगह पर बँधे रहने का आदी कैसे बना दिया जाता है। जबकि वह इतना ताकतवर होता है कि खूंटे को आसानी से उखाड़ कर जहाँ चाहे वहाँ घूम सकता है। जवाब यह है कि बचपन में हाथी को एक मजबूत जंजीर और एक मजबूत पेड़ से बाँधा जाता है। हाथी के बच्चे की तुलना में जंजीर और पेड़ दोनों काफी मजबूत होते हैं। बच्चे को बंधे रहने की आदत नहीं होती, इसलिए वह जंजीर को खींचने और तोड़ने की लगातार नाकाम कोशिश करता रहता है। एक दिन ऐसा आता है कि बच्चा समझ जाता है

कि खींचने और तोड़ने की कोशिश करने से कोई फायदा नहीं है। वह रुक जाता है और शांत खड़ा रहने लगता है। अब वह दिमागी रूप से इसका आदी हो चुका होता है और जब वही बच्चा एक विशाल हाथी बन जाता है तो उसे एक कमजोर रस्सी और खूंटे से बाँध दिया जाता है। वह हाथी चाहे तो एक झटका देने से ही आजाद हो सकता है, मगर अब वह कहीं नहीं जाता क्योंकि वह बचपन से ही दिमागी रूप से इसका आदी हो चुका होता है; क्योंकि बचपन में ही उसके मालिक ने उसके अंदर एक कमजोर विश्वासप्रणाली को स्थापित कर दिया होता है।

2. भंवरे की कहानी :

अगर हम अपने आस-पास की प्रकृति को ध्यान से देखें तो बहुत कुछ सीख सकते हैं। ईश्वर ने कुदरत की रचना में आश्चर्यजनक कारनामे किए हैं। भंवरे का उदाहरण लेते हैं। वैज्ञानिक कहते हैं कि भंवरे का शरीर काफी भारी है और उड़ने के हिसाब से पंखों का फैलाव कम है। उड़ने के सिद्धान्त (Aerodynamics) के अनुसार भँवरा किसी भी तरह से उड़ नहीं सकता। लेकिन भँवरे को इस बात की कोई खबर नहीं है और वह उड़ता रहता है।

जब हम अपनी हदों और सीमाओं को नहीं जानते, तो हम बड़े और ऊँचे काम करके खुद को ही आश्चर्यचकित कर देते हैं। पीछे मुड़कर देखने पर सहसा विश्वास नहीं होता कि क्या मेरी कोई सीमा भी थी। हम सिर्फ उन्हीं सीमाओं से बंधे हैं जो हमने खुद बनाई हैं। जैसे हाथी ने अपनी सीमाएँ खुद बनाई और चुपचाप खड़ा रहता है। वहीं भँवरे को किसी सीमा का ज्ञान ही नहीं है तो वह स्वतंत्र रूप से उड़ता रहता है।

श्लोक : 6.17

श्लोक : युक्ताहारविहारस्य युक्तचेष्टस्य कर्मसु ।
युक्तस्वप्नावबोधस्य योगो भवति दुःखहा ॥17॥

अर्थ : जो व्यक्ति सीमित (न तो ज्यादा और न ही कम) मात्रा में आहार और विहार करने वाला है, जिसने अपनी आदतों को नियम में रखा हुआ है, जिसकी निद्रा और जागरण नियमित हैं, उसमें एक ऐसा अनुशासन आ जाता है, जो सब दुखों का नाश कर देता है।

भगवान श्रीकृष्ण कहते हैं - मनुष्य के सारे काम करने का माध्यम शरीर ही है। चाहे वह शिक्षा प्राप्त करनी हो, योगाभ्यास करना हो, समाज में परोपकार करना हो या ईश्वर की भक्ति करनी हो, हर जगह शरीर ही मौजूद रहता है और कार्य करता है। इसलिए आवश्यक हो जाता है कि मनुष्य शरीर का विशेष ख्याल रखते हुए स्वस्थ रहे। शरीर को स्वस्थ बनाए रखने के बाद, अगला मुख्य कदम है निरंतर ज्ञान की प्राप्ति अर्थात निरंतर सीखते रहने की प्रक्रिया को कायम रखना।

भगवान श्रीकृष्ण ने शरीर को स्वस्थ रखने का उपाय भी बताया है। खाना, पीना, सोना, जागना, रक्षा करना, घूमना- फिरना, आमोद-प्रमोद आदि जो शारीरिक आवश्यकताएँ हैं, उन्हें नपे-तुले तरीके से पूरी करनी चाहिए। अर्थात् मनुष्य न तो बहुत ज्यादा भोजन करे और न ही बहुत कम, न तो बहुत ज्यादा सोए और न ही बहुत कम सोए आदि-आदि। ऐसा करने से शरीर स्वस्थ बना रहता है और ज्ञानार्जन में आसानी होती है। योगाभ्यास सरल हो जाता है। मन पर काबू रखना और ईश्वर की भक्ति करना आसान हो जाती है। बीमारियों से घिरा हुआ शरीर किसी काम का नहीं होता।

आधुनिक प्रबंधन के दृष्टिकोण से देखें तो हजारों साल पहले, भगवान श्रीकृष्ण ने "शरीर को हर उपाय से स्वस्थ रखना और निरंतर सीखते हुए मानसिक विकास करते रहने" का ज्ञान दिया है। प्रबंधन की भाषा में इसे "अपनी कुल्हाड़ी तेज करना (Sharpen Your Axe)" कहते हैं जो कि एक बहुत महत्वपूर्ण प्रबंधन सिद्धांत (Management Principle) है। विश्व प्रसिद्ध प्रबंधन लेखक डॉ० स्टीफेन आर कॅवी ने अपनी पुस्तक "अत्यधिक प्रभावी लोगों की सात आदतें" में इस सिद्धांत के विषय में, संख्या नं० सात पर, विस्तार से वर्णन किया है। अपनी कुल्हाड़ी को तेज करने का अर्थ है - जीवन के इन चार क्षेत्रों शारीरिक, सामाजिक, मानसिक और आध्यात्मिक में एक संतुलित रणनीति बनाकर खुद को नवीनीकृत (Renew) करते

हुए, व्यक्तिगत उपयोगिता बढ़ाना। इन गतिविधियों के कुछ उदाहरण इस प्रकार हैं :

शारीरिक :	लाभकारी भोजन करना, व्यायाम करना, आराम करना,
सामाजिक/ भावनात्मक :	दूसरों के साथ सामाजिक और सार्थक संबंध रखना,
मानसिक:	पढ़ना, लिखना, पढ़ाना, सीखना,
आध्यात्मिक :	प्रकृति के साथ समय व्यतीत करना, ध्यान, संगीत, कला, प्रार्थना या सेवा के माध्यम से आध्यात्मिक विकास करना।

अपनी कुल्हाड़ी तेज करने से आप नए सिरे से तरोताजा हो जाते हैं, परिणाम देने की और अपने आसपास की चुनौतियों का सामना करने की क्षमता बढ़ जाती है। इस नवीनीकरण के बिना शरीर कमजोर हो जाता है, मन यान्त्रिक, भावनाएँ कच्ची, आत्मा असंवेदनशील और व्यक्ति स्वार्थी हो जाता है।

आइये इस बात को समझने के लिए एक लकड़हारे की कहानी सुनते हैं।

लकड़हारे की कहानी :

पीटर नाम का एक लकड़हारा एक कम्पनी में कई वर्षों से काम कर रहा था। उसे तरक्की कभी नहीं मिली। उस कम्पनी ने एक नए लकड़हारे स्मिथ को भी काम पर लगा दिया। स्मिथ को एक वर्ष के अंदर ही तरक्की मिल गई। पीटर दुखी होकर अपने मालिक के पास गया और कारण पूछा। मालिक ने कहा कि जितना पेड़ तुम पहले काटते थे उतना ही आज भी काटते हो। हमारी कम्पनी नतीजे देखती है। तुम और अधिक पेड़ काटोगे तो तुम्हारा भी वेतन बढ़ा दिया जाएगा। पीटर ने जाकर कड़ी मेहनत की मगर नतीजा नहीं निकला। ज्यादा पेड़ नहीं काट सका। फिर मालिक के

पास जाकर अपनी परेशानी बतायी। मालिक ने सलाह दी कि तुम स्मिथ से जाकर मिलो। पीटर स्मिथ के पास गया और अपनी परेशानी बताई। पूछा कि ज्यादा पेड़ कैसे काट लेते हो? स्मिथ ने कहा कि "मैं हर पेड़ काटने के बाद पाँच मिनट के लिये रुक जाता हूँ और कुल्हाड़ी की धार तेज करता हूँ। तुमने अपनी कुल्हाड़ी की धार पिछली बार कब तेज की थी?" पीटर को जवाब मिल गया। उसने भी कुल्हाड़ी की धार तेज करनी शुरू कर दी और जल्दी ही तरक्की पा गया।

शिक्षा के महत्व को समझने के लिए रामायण की इस कहानी को सुनते हैं, जब भगवान श्रीराम ने लक्ष्मण को, शिक्षा लेने के लिए रावण के पास भेजा था।

रावण ने अंतिम समय में लक्ष्मण को शिक्षा दी :

जिस समय रावण मरणासन्न अवस्था में धरती पर पड़ा हुआ था, राम ने लक्ष्मण से कहा – "राजनीतिशास्त्र का महान विद्वान रावण इस दुनिया से विदा ले रहा है। तुम जाकर इस प्रकांड विद्वान से कुछ शिक्षा ले लो।" भगवान राम की आज्ञा के अनुसार लक्ष्मण रावण के सिर के पास जाकर खड़े हो गये। रावण ने लक्ष्मण से कुछ नहीं कहा। तब लक्ष्मण वापस राम के पास चले आए।

राम ने यह सब देखकर कहा "लक्ष्मण, शिक्षा हमेशा गुरु के चरणों के पास बैठकर ली जाती है।" यह सुनकर लक्ष्मण फिर जाकर इस बार रावण के पैरों के पास जाकर बैठ गए, तब महाज्ञानी तथा प्रकांड विद्वान रावण ने लक्ष्मण को जीवन की ये तीन अमूल्य बातें बताईं।

1. शुभ कार्य को जितनी जल्दी हो सके पूरा कर लेना चाहिए।
2. शत्रु तथा रोग को कभी भी छोटा नहीं समझना चाहिए।
3. अपने जीवन से जुड़े राज़ को गुप्त ही रखना चाहिए। उसे किसी भी व्यक्ति को कभी भी नहीं बताना चाहिए, चाहे वह सबसे प्रिय क्यों न हो क्योंकि संबंध बदलते रहते हैं। (रावण की नाभि में अमृत

है, यह बात केवल विभीषण को पता थी। यही आगे चलकर रावण की मृत्यु का कारण बना।)

Give me six hours to Chop Down a tree,
And I will spend the first Four Sharpening the Axe"
- Abraham Lincoln

श्लोक : 6.19

श्लोक : यथा दीपो निवातस्थो नेङ्गते सोपमा स्मृता ।
योगिनो यतचित्तस्य युञ्जतो योगमात्मनः ॥ 19 ॥

अर्थ : जिस प्रकार वायु रहित स्थान में दीपक की लौ स्थिर रहती है, उसी तरह जब कर्मयोगी का मन उसके वश में होता है तब उसका चित्त ईश्वर के ध्यान में सदैव स्थिर रहता है।

भगवान श्रीकृष्ण कहते हैं - मनुष्य को चाहिए कि मजबूत इच्छा शक्ति से मन को अनुशासन में रखे, ताकि भौतिक सुख की कोई भी लालसा या अन्य बाधाएँ, उसे अपने लक्ष्य के रास्ते से भटका न पाएँ। सुख-दुख के झोंकों से कभी न विचलित होने वाले मनुष्य का मन, वायुरहित स्थान पर रखे दीपक की लौ की तरह होता है, जो हमेशा अडोल बनी रहती है। मजबूत इच्छा शक्ति वाले लोग, जीवन में बड़े-बड़े काम कर जाते हैं।

आधुनिक प्रबंधन के दृष्टिकोण से देखें तो, भगवान श्रीकृष्ण ने सफल नेतृत्व के लिए आवश्यक एक अति महत्वपूर्ण, उच्च नैतिकता वाले आचरण "लक्ष्य पर टिके रहने की इच्छा शक्ति (Will Power to Persist)" का ज्ञान दिया है। यह महत्वपूर्ण गुण इतिहास के सभी महान नेताओं (Leaders) में हमेशा रहा है। किसी भी योजना या परियोजना के क्रियान्वयन में सैकड़ों कठिनाइयाँ उत्पन्न होती हैं और योजना का क्रियान्वयन (Implementation) करने वाले लोगों को विफलता का सामना भी करना पड़ता है। एक अच्छे लीडर में, सभी परेशानियों के बावजूद अपने लक्ष्य पर मजबूती से टिके रहने की दृढ़ इच्छाशक्ति होती है, जिससे सफलता अवश्य मिलती है।

भगवान श्रीकृष्ण ने इच्छाशक्ति को मजबूत करने का तरीका भी बताया है। इसका तरीका है - मनुष्य को चाहिए कि वह भौतिक और सांसारिक सुखों के पीछे न भागकर, मन को वश में रखते हुए धीरे-धीरे इच्छाशक्ति को मजबूत करता जाए। इच्छाशक्ति को मजबूत रखने का एक और सफल तरीका, व्रत तथा उपवास रखना भी है। लगभग सभी धर्मों में इसे बताया गया है। महात्मा गाँधी स्वयं उपवास रखने के बड़े हिमायती थे। उन्होंने सत्य और अहिंसा के रास्ते पर चलते हुए, भारत को आजाद कराने के अपने इरादे को मजबूत रखने के लिए अक्सर उपवास रखते थे और बिना विचलित हुए अंत में भारत को आजाद कराया।

इस बात को समझने के लिए, स्वामी श्रीला प्रभुपाद जी महाराज की कहानी सुनते हैं। किस प्रकार तमाम विघ्न-बाधाओं के बावजूद, उन्होंने भगवान श्रीकृष्ण की भगवद्गीता का ज्ञान, पूरे विश्व में फैलाया।

स्वामी श्रीला प्रभुपाद जी महाराज की कहानी :

स्वामी प्रभुपाद (1 सितंबर 1896-14 नवंबर 1977) का जन्म 1896 में कलकत्ते में हुआ था। उनका नाम अभ्याचरण डे रखा गया। उनके पिता ने उनका पालन-पोषण एक कृष्णभक्त के रूप में किया। स्वामी प्रभुपाद जी एक सच्चे देश भक्त थे और 1922 में असहयोग आंदोलन में गाँधी जी का साथ दिया था। प्रभुपाद जी भक्ति सिद्धान्त ठाकुर सरस्वती के शिष्य थे। एक दिन ठाकुर सरस्वती जी ने स्वामी प्रभुपाद को निर्देश दिया कि तुम तेजस्वी हो, भगवान कृष्ण की भगवद्गीता का, अँग्रेजी भाषा के माध्यम से पूरे विश्व में प्रचार करो।

अपने गुरु की आज्ञा का पालन करने के लिए 1965 में 70 वर्ष की आयु में बिना धन या किसी की सहायता के, अमेरिका जाने के लिए निकले। 32 दिन की समुद्री यात्रा के बाद, जब अमेरिका पहुँचे तो उनके पास केवल सात डॉलर बचे थे। उन्होंने अपने मिशन (Mission) की शुरूआत अमेरिका के सबसे बड़े शहर न्यूयार्क (Tomkins Square Park) से की। जब वह न्यूयार्क शहर पहुँचे तो उन दिनों अमेरिका और वियतनाम के बीच युद्ध चल रहा था। वियतनाम युद्ध के चलते, अमेरिका के युवावर्ग में

असंतोष और निराशा का माहौल था। समाज में हिप्पी संस्कृति फैली हुई थी। खासकर युवावर्ग में। हिप्पी वे लोग थे जो अमेरिका की मुख्य धारा के जीवन को अस्वीकार करके अपने अलग ही ढंग से रहते थे। घर-बार छोड़कर सड़कों पर आ गए थे। सड़क पर ही रहते थे, नंगे घूमते थे वहीं सोते थे, चरस, गांजा और नशीली दवाइयाँ लेते थे और हमेशा नशे में रहते थे। न कोई उनके आगे था और न कोई पीछे। ऊपर खुला आसमान और नीचे धरती, यही उनकी दुनिया बन चुकी थी।

स्वामी प्रभुपाद जी ने सोचा कि ये सबसे मुश्किल लोग हैं, जीवन से भटके हुए हैं। यदि भगवद्गीता के ज्ञान से, मैंने इन्हें बदल दिया, इनकी बुरी आदतें छुड़वा दीं और इनका जीवन सरल कर दिया, तो इनका तो भला होगा ही, साथ ही पूरी दुनिया भगवद्गीता का लोहा मान जाएगी। इस निर्णय को लेने के बाद वे हिप्पी लोगों के साथ जाकर रहने लगे। हिप्पी उनके ऊपर सिगरेट का धुआँ फेंकते थे, उनका खाना चुरा लेते थे, उनकी किताबें, उनका टाइपराइटर (Typewriter) चोरी कर लेते थे। उन्होंने स्वामी जी को बहुत तंग किया और उनका बुरा हाल कर दिया। इतने अपमान के बावजूद भी स्वामी जी उनके लिए सुबह-शाम खाना बनाते थे, दवाइयाँ देते थे और कथा सुनाते थे। हर तरह के अपमान और परेशानियों को सहते हुए स्वामी प्रभुपाद जी बिना विचलित हुए अपने लक्ष्य पर डटे रहे, ठीक उस दीपक के लौ की तरह जो वायुरहित स्थान पर अडोल (स्थिर) रहती है। उनकी निःस्वार्थ सेवा की भावना और असीम सहनशक्ति के आगे, अंत में हिप्पियों का दिल पिघल गया। उन्होंने सभी बुरी आदतें, सिगरेट पीना, नशा करना, मांस खाना आदि सब कुछ छोड़ दिया और स्वामी जी के शिष्य बन गए। धीरे-धीरे उनमें परिवर्तन आया और सब के सब भगवद्गीता का पाठ करने लगे। अमेरिकी सरकार भी स्वामी जी के इस अद्त कार्य से खुश होकर सराहना करने लगी।

1966 में स्वामी जी ने International Society for Krishna Consciousness (ISKCON) की स्थापना की। उन्होंने अगरबत्तियाँ बनवाईं और उन्हें बेचना शुरू कर दिया। जो कमाई हुई उससे एक छोटा सा मंदिर बनवाया। वहीं भगवद्गीता सिखाने लगे। किताबें लिखने लगे और बेचने लगे।

स्वामी प्रभुपाद जी ने ऐसे काम किए जो दुनिया में कोई नहीं कर सकता। 1977 तक, केवल 12 वर्षों में 6.5 करोड़ से अधिक पुस्तकें 32 भाषाओं में दुनिया भर में पहुँचा चुके थे। 14 बार विश्व का भ्रमण किया और गीता का उपदेश दिया। वे 22 घंटे काम करते थे, 2 घंटे आराम करते थे। स्वाभी जी ने विश्व की सबसे बड़ी, आध्यात्मिक पुस्तकों की प्रकाशन संस्था - भक्ति वेदांत बुक ट्रस्ट (Bhakti Vedant Book Trust) की स्थापना की।

स्वामी प्रभुपाद जी ने, अकेले पूरे विश्व में भगवदगीता का ज्ञान फैलाकर, लोगों को एक नई ज़िन्दगी की प्रेरणा दी। उन्होंने लोगों के जीवन से अज्ञान के अंधकार को दूर किया और उसे ज्ञान के प्रकाश से आलोकित किया।

श्लोक : 6.26

श्लोक : यतो यतो निश्चलति मनश्चञ्चलमस्थिरम् ।
ततस्ततो नियम्यैतदात्मन्येव वशं नयेत् ॥ 26 ॥

अर्थ : मन, अपनी चंचलता तथा अस्थिरता के कारण जहाँ कहीं भी विचरण करता हो, मनुष्य को चाहिए कि उसे वहाँ से खींचे और अपने वश में कर ले।

भगवान श्रीकृष्ण कहते हैं - मन स्वभाव से चंचल और अस्थिर है। इसलिए मनुष्य को चाहे जो भी जतन करना पड़े, मन को वश में करके रखे। मनुष्य को जीवन में जहाँ जाना है, यानि उसका लक्ष्य क्या है, उसी पर ध्यान केन्द्रित करते हुए, अपनी सारी शक्ति लक्ष्य हासिल करने में लगा दे। मन रास्ते से भटकाने की बहुत कोशिश करेगा, तरह-तरह के लुभावने प्रलोभन देगा, मगर मन के बहकावे में न आकर, अपने लक्ष्य के रास्ते पर दृढ़निश्चय से आगे बढ़ते जाना है। कार्य की शुरुआत से और जब तक मंजिल हासिल न हो, मनुष्य का सारा ध्यान लक्ष्य पर ही टिके रहना चाहिए। यह तभी संभव है जब मनुष्य का मन उसके वश में रहे।

आधुनिक प्रबंधन के दृष्टिकोण से देखें तो भगवान श्रीकृष्ण ने 'लक्ष्य को ध्यान में रखकर आगे बढ़ने का' उपाय बताया है। अर्थात प्रबंधन के एक प्रमुख सिद्धान्त 'अंत को ध्यान में रखकर शुरू करें'(Begin With the End in Mind) का ज्ञान दिया है। प्रबंधन क्षेत्र के विश्वप्रसिद्ध लेखक

स्टीफेन आर कोवी ने अपनी पुस्तक "The 7 Habits of Highly Effective People" में संख्या नं. 2 पर इस सिद्धान्त की विस्तार से व्याख्या की है। यह दूरदर्शी लीडर का एक महत्वपूर्ण गुण है।

अंत को ध्यान में रखकर शुरू करने का अर्थ है – 'अपने दिमाग में स्पष्ट मंजिल को ध्यान में रखकर कार्य की शुरुआत करना।' इसका मतलब यह जानना है कि आप कहाँ जा रहे हैं, ताकि आप बेहतर ढंग से समझ सकें कि आप अभी कहाँ हैं, इसलिए आपके द्वारा उठाए गए कदम हमेशा सही दिशा में होते हैं। यदि आप कल्पना करने के इस सचेत प्रयास को नहीं करते हैं कि – "आप कौन हैं और जीवन में क्या चाहते हैं" तो उस दशा में, अन्य लोग और परिस्थितियाँ आपके जीवन का निर्णय लेने लगती हैं और आकार देती हैं। फिर धीरे-धीरे आपका अस्तित्व समाप्त हो जाता है।

यदि आपकी सीढ़ी सही दीवार पर पर नहीं खड़ी है, तो आप जो भी कदम उठाते हैं, वह आपको गलत जगह पर, तेजी से ले जाता है।

आमतौर पर लोग कहते हैं कि समय उड़ता रहता है। यदि समय एक हवाईजहाज है तो हम पायलट(Pilot) हैं। यदि हम अपने लक्ष्यों को नहीं जानते, तो कोई और पायलट है और हम यात्री।

इस बात को समझने के लिये इस कहानी को सुनते हैं।

घड़ी और कम्पस :

एक बार जब आप एक विमान में उड़ान भर रहे होते हैं तभी पब्लिक ऐड्रेस सिस्टम पर कैप्टन की आवाज आती है - हमें अच्छी खबर और बुरी खबर मिली है। अच्छी खबर यह है कि हवाएँ अनुकूल हैं, हम एक घंटे पहले पहुँचेंगे। और बुरी खबर यह है कि नेविगेशन सिस्टम (Navigation System) टूटा हुआ है और हम नहीं जानते कि विमान कहाँ जा रहा है। वह कहता है - पैराशूट लो और कूद जाओ। तुम छलाँग लगाकर जंगल में उतर गए। जंगल से निकलने का एक मात्र रास्ता, दक्षिण दिशा में दौड़ना है। आप कैसे जानते हैं कि दक्षिण दिशा किस तरफ है। आपके पास चुनने

के दो विकल्प हैं – एक घड़ी या एक कम्पस (Compass)। निश्चित रूप से आप कंपस चुनेंगे।

"Your Direction is More Important than Your Speed."
- Richard L. Evans

श्लोक : 6.34 और 6.35

श्लोक : चञ्चलंहि मनः कृष्ण प्रमाथि बलवद्दढम् ।
तस्याहं निग्रहं मन्ये वायोरिव सुदुष्करम् ॥34॥

अर्थ : अर्जुन कहते हैं - हे कृष्ण! चूँकि मन चंचल, उच्छृंखल, हठीला तथा अत्यंत बलवान है अतः मुझे इसे वश में करना वायु को वश में करने से भी अधिक कठिन लगता है।

श्लोक : असंशयं महाबाहो मनो दुर्निग्रहं चलम् ।
अम्यासेन तु कौन्तेय वैराग्येण च गृह्यते ॥35॥

अर्थ : भगवान श्रीकृष्ण ने कहा - हे महाबाहु कुंती पुत्र! निस्संदेह चंचल मन को वश में करना अत्यंत कठिन है किन्तु उपयुक्त अभ्यास तथा वैराग्य द्वारा वश में करना सम्भव है।

भगवान श्रीकृष्ण ने भगवद्गीता में कई जगह मन को अनुशासन में रखकर, जीवन स्तर को ऊँचा करने की बात कही है। मन इन्द्रियों से घिरा होने की वजह से, मनुष्य को हमेशा भौतिक सुखों की तरफ भटकाने की कोशिश करता रहता है। इसलिए मन पर नियंत्रण रखते हुए, उसके भटकावे में न आकर, अपने लक्ष्य के रास्ते पर अडिग चलते रहना चाहिए। मन पर अनुशासन रखना आसान नहीं है। अर्जुन जैसा वीर योद्धा भी इसी बात को लेकर चिंतित है। वे कृष्ण से कहते हैं कि मैं दुनिया के सारे बड़े काम यहाँ तक कि वायु को भी वश में कर सकता हूँ, परन्तु मन इतना चंचल और हठी है कि उसको वश में करना कठिन लगता है। हे वासुदेव! आप ही कोई रास्ता सुझाइए। कृष्ण ने कहा - हे अर्जुन! मन को काबू में

रखना मुश्किल है पर असंभव नहीं। चंचल मन को निरंतर अभ्यास और वैराग्य द्वारा वश में किया जा सकता है। अभ्यास का अर्थ है - लक्ष्य को पाने के लिए जो उचित है उसे करना, और वैराग्य का अर्थ है - लक्ष्य को पाने में जो अनुचित है उसे न करना।

आधुनिक प्रबंधन के दृष्टिकोण से देखें तो भगवान श्रीकृष्ण ने जीवन में "अनुशासन की आवश्यकता और उसके महत्व" का ज्ञान दिया है। आज के प्रबंधन विज्ञान में, नेतृत्व के गुणों में, अनुशासन (Discipline) सबसे महत्वपूर्ण और आवश्यक गुण माना जाता है। अनुशासन को आचरण मे कैसे लाएँ, भगवान कृष्ण ने, इसका तरीका भी बताया है। इसका तरीका है –' **जो कार्य लक्ष्य पाने में सहयोग करें उन्हें करो और जो कार्य अड़चन पैदा करें उन्हें त्याग दो।**'

हेनरी फेयोल (Henri Fayol) फ्रांस के एक खनन इंजीनियर (Mining Engineer) और प्रबंध-सिद्धांतकार (Management Theorist) थे। उन्हें "आधुनिक प्रबंधन सिद्धांत के जनक (The Father of Modern Management Theory)" के रूप में भी जाना जाता है। उन्होंने अपनी 1916 की पुस्तक "General and Industrial Management" में प्रबंधन के 14 सिद्धांतों की चर्चा की है। उन सिद्धांतो में अनुशासन को एक प्रमुख सिद्धांत बताया है। प्रबंधन विशेषज्ञ और महान मोटिवेशनल स्पीकर (Motivational Speaker) शिव खेड़ा जी कहते हैं - अनुशासन एक ट्रैक (Track) है जिस पर चलते जाना है। यदि आप ट्रेन को पटरी से उतार देते हैं तो वह कहाँ जाती है? कहीं भी नहीं। विमान में बैठते समय हर कोई यही चाहता है कि विमान को ऐसा पाइलट (Pilot) चलाए जो अनुशासित हो और कंट्रोल टॉवर (Control Tower) के अनुसार काम करे। आपने देखा होगा कि जीवन में बहुत से लोग लक्ष्य तक नहीं पहुँच पाते, उन्हें बार-बार हार और संकट का सामना करना पड़ता है, जबकि कुछ लोगों को सफलताएँ मिलती जाती हैं। इसका कारण है अनुशासन। खेलकूद, शिक्षा और व्यापार यानि जीवन के किसी भी क्षेत्र में, अनुशासन के बिना, महत्वपूर्ण सफलता कोई भी कभी भी हासिल नहीं कर सका।

आइए इस बात को समझने के लिए इस कहानी को सुनते हैं।

बिना डोर के पतंग की कहानी :

एक बार एक पिता और पुत्र, पतंगबाजी के उत्सव में गए। पतंगों को देखकर, बेटे ने पिता से पतंग और धागे के रोल (Roll) की माँग कर दी। उसका भी मन पतंग उड़ाने को हो रहा था। पिता ने बेटे के लिए पतंग और धागे का रोल खरीद दिया।

बेटा पतंग उड़ाने लगा। जल्दी ही पतंग आसमान में ऊँची उड़ने लगी। पिता ने बेटे से पूछा - तुम्हारी पतंग कौन उड़ा रहा है? बेटे ने कहा - हवा पतंग उड़ा रही है। पिता ने पूछा - और धागा क्या कर रहा है? बेटे ने कहा - ऐसा लगता है, ऊँची उड़ान भरने में धागा पतंग को रोक रहा है। पिता ने कहा ठीक है और फिर धागे को काट दिया। पतंग थोड़ी ऊँची गई लेकिन फिर धीरे-धीरे नीचे आने लगी और एक इमारत की छत पर गिर गई। बेटा हैरान था। उसने पिता से पूछा - मैंने सोचा था कि धागा कटने के बाद पतंग स्वतंत्र रूप से ऊँची उड़ान भर सकती है लेकिन यह तो नीचे गिर गई।

पिता ने समझाया - बेटा, धागा पतंग को ऊँचा जाने से नहीं रोक रहा था, बल्कि हवा के धीमे होने पर पतंग को उसी ऊँचाई पर टिके रहने में मदद कर रहा था। हवा के तेज होने पर, धागे के सहारे पतंग सही दिशा में चलकर नई ऊँचाई पर पहुँच जाती है। धागे का सहारा न होने पर पतंग धीरे-धीरे नीचे गिर जाती है। यह धागा एक अनुशासन (Discipline) की तरह है, जिसके सहारे पतंग किसी भी ऊँचाई को छू सकती है।

ठीक उसी धागे की तरह, अनुशासन के सहारे, मनुष्य भी पतंग की तरह, अपने जीवन में सफलता की ऊँचाइयों पर पहुँच सकता है। जीवन में कुछ महत्वपूर्ण कर जाने के लिए अनुशासन में रहना बहुत जरूरी है।

अध्याय - 7

ज्ञान-विज्ञान योग
(भगवान का स्वरूप)

प्रस्तावना :

पिछले अध्यायों में भगवान श्रीकृष्ण ने अर्जुन से कहा है कि मनुष्य को परमात्मा की शरण में जाना चाहिए परंतु उस परमात्मा का स्वरूप क्या है? परमात्मा के स्वरूप को जाने बिना उनको मन में बसाना, उनकी पूजा करना, कठिन कार्य है। साधारण मनुष्य के लिए तो अत्यंत दुष्कर है। इस अध्याय में भगवान ने अपने स्वरूप की समस्त जानकारी दी है। यहाँ ज्ञान का अर्थ है, प्रभु का निर्गुण-निराकार रूप और विज्ञान का अर्थ है, प्रभु का सगुण-साकार रूप। मनुष्य अपनी बुद्धि के अनुसार ईश्वर के किसी भी रूप को मन में बैठाकर ध्यान कर सकता है। सगुण-साकार रूप में प्रभु की उपासना सरल और उत्तम होती है। इस अध्याय से, प्रभु ने भक्तियोग का ज्ञान देना प्रारंभ किया है।

सारांश :

भगवान श्रीकृष्ण कहते हैं - हे पार्थ! अब मैं तुम्हे बताऊँगा कि कर्मयोग का आचरण करता हुआ मनुष्य, मेरे आश्रय में आता है तो मुझे सम्पूर्ण तरीके

से कैसे पहचान सकता है। इस ज्ञान के बाद और कुछ जानने के लिये बाकी नहीं रहेगा। हजारों में कोई-कोई ही इसको पाने का प्रयत्न करता है और प्रयत्न करने वालों मे से कोई ही सफल हो पाता है।

कृष्ण कहते हैं - हे अर्जुन! मेरा स्वरूप दो प्रकृतियों से बना है। पृथ्वी, जल, आकाश, अग्नि, वायु तथा मन, बुद्धि और अहंकार वाली आठ प्रकार की मिलाकर मेरी एक प्रकृति है, जिसे 'जड़' अर्थात नींव या शरीर कहते हैं। और दूसरी प्रकृति जीव रूप है, जिसे 'चेतन' कहते हैं। इन दो प्रकृतियों से, अर्थात् देह और जीव के सम्बंध से, सारा जगत बना है। यूँ समझो कि सब प्राणियों का जन्म इसी से हुआ है।

मैं इस सारे संसार का जनक हूँ और मैं ही इसका विनाश करने वाला हूँ। जिस तरह, किसी माला के धागे (आधार) पर, उसकी मणियाँ पिरोई रहती हैं वैसे ही सम्पूर्ण जगत, मेरे आधार (धागे) पर धारण किया हुआ है। उदाहरण के लिए, जल में रस मैं हूँ, वेदों का ओंकार मैं हूँ, आकाश का शब्द मैं हूँ, पुरुषों का पराक्रम मैं हूँ, मिट्टी में सुगंध मैं हूँ, अग्नि का तेज मैं हूँ, प्राणिमात्र का जीवन मैं हूँ, तपस्वी का तप मैं हूँ, बुद्धिमान की बुद्धि मैं हूँ, बलवान का बल मैं हूँ। संक्षेप में यह समझो कि पूरे संसार में, हर जगह मैं ही समाया हुआ हूँ।

हे अर्जुन! मनुष्य जन्म से ही अपने साथ सत्व, रज और तम इन तीन गुणों को लेकर पैदा होता है। इस सृष्टि की रचना इन तीन गुणों के आधार पर की गई है। मेरी इस त्रिगुणात्मकी माया के भ्रम में पड़कर, लोग मुझ अविनाशी को पहचान नहीं पाते। मेरी इस योग माया को जीत पाना कठिन है पर मेरी शरण लेने वाले इस माया को लाँघ सकते हैं।

हे अर्जुन! मेरे भक्त चार प्रकार के हैं। एक तो वे जो विपत्ति में फँसे हुए हैं, दूसरे जिज्ञासु, तीसरे धनप्राप्ति की इच्छा रखने वाले और चौथे ज्ञानी। यों तो सभी बहुत अच्छे हैं, पर ज्ञानी सर्वश्रेष्ठ है। ज्ञानी वह है, जो सदा निष्काम कर्म करता हुआ मुझसे जुड़ना चाहता है। वह मुझे बहुत प्रिय है। कई जन्मों के अभ्यास के पश्चात् उसे जब यह ज्ञात हो जाता है कि इस सारी सृष्टि में मुझ वासुदेव के सिवा और कुछ नहीं है तो ऐसा ज्ञानी, महात्मा अंततः मुझे पा ही जाता है। परन्तु हे अर्जुन! ऐसा महात्मा अभी दुर्लभ है।

अर्जुन पूछते हैं - हे मधुसूदन! संसार में भिन्न-भिन्न लोग भिन्न-भिन्न देवताओं की पूजा करते हैं तो क्या वह पाप है?

श्री कृष्ण समझाते हैं - नहीं पार्थ! पूजा कभी पाप नहीं होती और जो प्राणी भिन्न भिन्न देवताओं की पूजा करते हैं, वे सब वास्तव में मेरी ही पूजा करते हैं। इसलिए जो-जो सकामी (कामना रखने वाले) पुरुष जिस-जिस देवता के स्वरूप की श्रद्धा से पूजा करते हैं, मैं उस-उस व्यक्ति की, उस-उस देवता के प्रति श्रद्धा को स्थिर कर देता हूँ। जिसकी जैसी भक्ति, उसको वैसा फल देने वाला तो मैं ही हूँ। ओछी समझ वाले, जो भोग-वस्तुओं के लिए मेरी उपासना करते हैं, उन्हें नाशवान फल मिलता है जो भोगते-भोगते नष्ट हो जाता है। जो भक्त श्रद्धा से मेरा चिंतन करता हुआ, मेरी उपासना करता है, वही मेरे पास पहुँच पाता है।

भगवान कहते हैं - हे पार्थ! मैं अजन्मा और शाश्वत हूँ। अपनी योग माया से घिरा होने के कारण मैं सब लोगों के सम्मुख प्रकट नहीं होता। साधारण मनुष्यों की दृष्टि, माया के परदे के पार नहीं देख सकती पर बिना स्वार्थ और मोह के वशीभूत हुए माया के अंधेरे को लाँघकर जो मनुष्य, मुझसे जुड़ने की इच्छा से अपनी अंतरात्मा में झाँकता है, तो वह मुझे पा ही जाता है।

अध्याय - 8

अक्षर ब्रह्म योग
(ईश्वरीय तत्व की विवेचना)

प्रस्तावना :

'अक्षर' एवं 'ब्रह्म' दोनों शब्द, भगवान के सगुण और निर्गुण रूपों के नाम हैं। भगवान का एक नाम 'ॐ' भी है। इस अध्याय में भगवान के सगुण रूप, निर्गुण रूप और ओंकार का वर्णन है। ब्रह्माण्ड की जटिल संरचना को जानने के बाद, अर्जुन कुछ गूढ़ प्रश्न करते हैं, जिससे परमात्मा के स्वरूप को और अच्छी तरह जाना जा सके। इस अध्याय में भगवान ने उन्हें प्राप्त करने का सरल और सुगम मार्ग बताया है।

सारांश :

अर्जुन कहते हैं – हे पुरुषोत्तम! आपने ब्रह्म, अध्यात्म, कर्म, अधिभूत, अधिदैव, अधियज्ञ का नाम लिया, पर इन सबका अर्थ मैंने समझा नहीं। फिर आप कहते हैं कि अपने मन को वश में किए हुए लोग, मृत्यु के समय, आपको पहचान सकते हैं। यह सब मुझे समझाइए।

भगवान ने उत्तर दिया - हे अर्जुन! जिसका कभी नाश नहीं होता, जो सदा से है और सदा ही रहेगा अर्थात् आत्मा जो शरीर धारण करती है, जो

~ 86 ~

उस शरीर की स्वामी है, उसे अध्यात्म कहते हैं। कर्म उस सृजनशील शक्ति का नाम है, जिससे सब वस्तुएँ अस्तित्व में आती हैं। प्राणीमात्र की उत्पत्ति जिस क्रिया से होती है उसका नाम कर्म है। उत्पन्न होकर समाप्त हो जाने वाले सभी पदार्थों को, अधिभूत कहा जाता है। परमब्रह्म की व्यवस्था के अनुसार, ब्रह्माजी सारे संसार का सृजन करते हैं। उनकी संरचना में सभी देवी-देवता, समग्र लोक समाए हुए हैं। ब्रह्माजी को अधिदेव कहा गया है। इस शरीर में रहने वाले, अंतरयामी परमात्मा को अधियज्ञ कहा गया है। हे अर्जुन! अंतिम समय में मनुष्य, जिस-जिस भाव का ध्यान रखता हुआ शरीर का त्याग करता है अगले जन्म में उसी भाव को प्राप्त होता है। ऐसे समय मनुष्य को चाहिए कि मेरा स्मरण करे, मुझमें ही मन-बुद्धि को पिरोकर रखे तभी मुझे देख सकेगा। इसके लिए मनुष्य को पहले से ही तैयारी करनी चाहिए कि मृत्यु के समय मन न भटके, भक्ति में लीन रहे और सूर्य के समान अंधकार मिटाने वाले परमात्मा का ही स्मरण करे। मेरा मानना है कि निरंतर अभ्यास और प्रयत्न से मनुष्य का झुकाव परमात्मा की ओर अवश्य हो जाता है।

अर्जुन कहते हैं – हे योगेश्वर! आपने मेरे कई प्रश्नों के उत्तर दिए। एक प्रश्न और पूछना चाहता हूँ। सुना है कि मृत्यु के समय मनुष्य को बड़ा कष्ट उठाना पड़ता है। चाहे वह मृत्युभूमि पर किसी शस्त्र के घाव के कारण हो, या अपने आप आए। क्या मृत्यु को आसान बनाने का कोई तरीका नहीं है?

भगवान ने कहा - हे अर्जुन! यह जीवन, मृत्यु को आसान बनाने का नहीं बल्कि जन्म-मृत्यु के चक्र से निकल कर मोक्ष प्राप्त करने के लिए है। यदि मनुष्य मृत्यु के समय यह विधि अपनाए, जो मैं तुम्हें बताने जा रहा हूँ, तो उसे तुरंत मोक्ष प्राप्त होगा। प्राण त्यागते समय अपनी सभी इन्द्रियों के द्वार को रोककर तथा मन को हृदय में स्थित करके, अपने प्राण को मस्तिष्क में स्थापित करके, परमात्मा का स्मरण करते हुए "ॐ" मन्त्र का उच्चारण करे तो मनुष्य जीवन भर कितना भी बड़ा पापी क्यों न रहा हो, उसे मोक्ष अवश्य प्राप्त हो सकता है, अर्थात मेरे परमधाम में आ जाएगा।

भगवान कहते हैं - हे अर्जुन! मनुष्य अपने सौ वर्ष के जीवनकाल में हजारों जाल फैलाता है पर काल तो अनन्त है। ब्रह्मा का एक दिन, हजारों युगों की अवधि के बराबर होता है। ब्रह्मा का कार्य-काल सौ वर्ष का है।

ब्रह्मा के रात-दिन में, उत्पत्ति और नाश का कार्यक्रम चलता ही रहता है और चलता रहेगा। इस अनन्त काल के चक्र में मनुष्य का जीवन क्षण-मात्र के समान है। इस तनिक से समय को लेकर, इतनी व्यर्थ की दौड़-धूप क्यों? इस छोटे से जीवन में, ईश्वर का ही ध्यान शोभा देता है। क्षणिक भोगों के पीछे दौड़ना ठीक नहीं। ब्रह्मा की बार-बार की जीवन-मरण वाली सृष्टि से ऊपर, एक ऐसा स्थान है, जहाँ वस्तुएँ नष्ट नहीं होती। अविनाशी परमात्मा का यही निवास स्थान है, जिसे परमधाम कहते हैं। परमात्मा को पाने वाला, जीवन-मरण के चक्र से छूट जाता है। उनके दर्शन अनन्य भक्ति से ही सम्भव हैं। उन्ही के आधार पर सारा जगत है और वे सर्वत्र व्याप्त हैं।

भगवान ने आगे फिर समझाया - हे अर्जुन! उत्तरायण के, शुक्लपक्ष के दिनों में मरने वाला, मुझे पाता है और दक्षिणायन में, कृष्णपक्ष की रात्रि में मृत्यु पाने वाले के, पुनर्जन्म के चक्कर बाकी रह जाते हैं। प्रकाशमय और अंधकारमय, संसार के यह दो मार्ग शाश्वत समझे जाते हैं। एक से जाने वाला वापस नहीं लौटता जबकि दूसरे से जाने वाला वापस लौट आता है। हे अर्जुन! इसको तुम यूँ समझो कि, प्रकाशमय मार्ग निष्काम सेवामार्ग है और अंधकारमय मार्ग माया-मोह का स्वार्थ मार्ग है। इन दोनों मार्गों को जानने के पश्चात, कौन मोह मे फँसकर, अंधकारमय मार्ग पसंद करेगा? मनुष्य को चाहिए, अनासक्त होकर, कर्तव्य करता हुआ, प्रकाशमय मार्ग ही चुने।

प्रबंधन अवधारणाएँ :

श्लोक : 8.5 और 8.6

श्लोक : अंतकाले च मामेव स्मरन्मुक्तवा कलेवरम् ।
यः प्रयाति स मदभावं याति नास्त्यत्र संशय ॥ 5 ॥

अर्थ : अपने जीवन के अंत में, जो केवल मेरा स्मरण करते हुए शरीर का त्याग करता है वह तुरंत मेरे स्वभाव को प्राप्त करता है। इसमें रंचमात्र भी संदेह नहीं है।

श्लोक : यं यं वापि स्मरन्भावं त्यजत्यन्ते कलेवरम् ।
तं तमेवैति कौंतेय सदा तद्भावभावितः ॥ 6 ॥

अर्थ : हे कुंतीपुत्र! शरीर त्यागते समय मनुष्य जिस-जिस भाव का स्मरण करता है, वह उस भाव को निश्चित रूप से प्राप्त होता है।

भगवान कृष्ण कहते हैं - मनुष्य की सोचने और याद रखने की क्षमता एक बहुत महत्वपूर्ण गुण है। यह वह मानसिक शक्ति है, जो सामने होने वाली घटनाओं और सुनी जाने वाली बातों को ग्रहण करके, मस्तिष्क के किसी कोने में बैठा लेती है। और आवश्यकता पड़ने पर या प्रसंग आने पर या उस वस्तु के समान किसी अन्य वस्तु को देखने या सुनने पर, उसकी याद आ जाती है। इसे कहते हैं – "याद रखने की शक्ति यानि याददाश्त।" मनुष्य जिस तरह की सोच रखता है, विचार करता है, वैसा ही उसका व्यवहार बन जाता है। उसी के अनुरूप घटनाएँ भी होने लगती हैं। विचारों के अनुसार ही उसका व्यक्तित्व ढल जाता है। इसलिए मनुष्य को चाहिए कि सबसे पहले अपनी सोच और विचारों को अच्छा करे, इससे उसका स्वभाव और व्यक्तित्व अच्छा बन के निकलेगा। श्रीकृष्ण कहते हैं - मृत्यु के समय, मनुष्य के मन में जैसे विचार बनते हैं, उसका अगला जीवन वैसा ही बन जाता है। इस जन्म में किए हुए अच्छे कर्म, अगले जन्म तक जाते हैं और फिर अगले जन्म में उसके मस्तिष्क के किसी कोने में जगह बनाकर उत्पन्न होते हैं। मृत्यु के समय किसी विशेष भाव का स्मरण, एक क्षणिक प्रक्रिया नहीं है। उसके लिए जीवन भर का अभ्यास आवश्यक है। मनुष्य के जीवन भर के विचार संचित होकर, मृत्यु के समय उसकी सोच को प्रभावित करते हैं।

आधुनिक प्रबंधन के दृष्टिकोण से देखें तो भगवान श्रीकृष्ण, अच्छे विचारों के जरिए मस्तिष्क की क्षमता बढ़ाने का मनोवैज्ञानिक तरीका बता रहे हैं। आज का मनोविज्ञान यह मानता है कि आत्मसुझाव के जरिए अभ्यास करते हुए अपने अवचेतन मन (Subconscious Mind) को मनचाहे साँचे में ढाला जा सकता है। मस्तिष्क की क्षमता बढ़ने से मनुष्य, एक से एक बड़े काम कर सकता है। डेल कार्नेगी की 1936 की पुस्तक "हाउ टू विन फ्रेन्डस एण्ड इन्फ्लूएंस पीपल (How to Win Friends and

गजेन्द्र – मोक्ष

Influence People)" में कहा गया है कि हम अपने मस्तिष्क की क्षमता का केवल 10% उपयोग करते हैं। परोक्ष रूप से यह सुझाव दिया गया है कि बची हुई क्षमता का उपयोग करके, व्यक्ति अपनी बुद्धिमत्ता बढ़ा सकता है। अलबर्ट आइन्सटीन और स्वामी विवेकानन्द के बुद्धि का स्तर एक औसत व्यक्ति से बहुत ऊपर था। स्वामी विवेकानन्द एक किताब को केवल एक बार पढ़कर याद कर लेते थे। प्रबंधन विशेषज्ञ और विश्वप्रसिद्ध महान मोटिवेशनल स्पीकर डा. विवेक बिंद्रा जी इसे लीडरशिप रीमॉडलिंग (Leadership Remodelling) कहते हैं। यह नेतृत्व का एक महत्वपूर्ण गुण है। इतिहास में जितने भी महान लोग हुए हैं उन सभी के व्यक्तित्व में यह गुण मौजूद रहा है। अच्छी आदतों को बनाने के लिए, सफल लोग, अपने विचारों को अच्छा करते रहते हैं। इसके अलावा अन्य सफल लोगों के स्वभाव व आचरण को पढ़कर भी अपनी सोच को बदला जा सकता है। यह एक लगातार चलने वाला अभ्यास है।

आइए इस बात को समझने के लिए गजेन्द्र की कथा सुनते हैं।

गजेंद्र-मोक्ष कथा :

एक घनघोर जंगल में बहुत से हाथियों और हथिनियों के साथ, उनका शक्तिशाली सरदार गजेंद्र निवास करता था। एक दिन गजेंद्र झुंड के साथ टहल रहे थे। वे तेज धूप और प्यास से व्याकुल होकर, झुंड को लेकर पानी पीने एक सरोवर में चले गए। उन्होंने जैसे ही सरोवर में पानी पीना शुरू किया, वहीं एक बलवान मगरमच्छ ने क्रोध में भरकर उनका पैर पकड़ लिया। गजेंद्र ने छुड़ाने की बहुत चेष्टा की परन्तु सब व्यर्थ गई। दूसरे हाथियों ने भी सहायता करनी चाही, परन्तु वे भी इसमें असफल रहे। अपना खुद का क्षेत्र होने से यानि सरोवर में मगरमच्छ ज्यादा शक्तिशाली था। कभी गजेंद्र मगरमच्छ को बाहर खींच लाता, तो कभी मगरमच्छ उसे अंदर खींच ले जाता। गजेंद्र और मगरमच्छ अपनी पूरी-पूरी शक्ति लगाकर एक हजार साल तक लड़ते रहे। यह अनोखा युद्ध देखकर देवता भी आश्चर्यचकित हो गए।

जल में, लम्बे समय तक खींचे जाने पर गजेंद्र का शरीर और मन दोनों

शिथिल पड़ गए। मगरमच्छ तो ठहरा जलचर अतः और उत्साह और बल से गजेंद्र को खींचने लगा।

अपने पूर्व जन्म में गजेंद्र, विष्णु भगवान के परम भक्त थे। पूर्व जन्म में, भगवान विष्णु के लिए की गई पूजा, अर्चना और भक्ति की भावना इस जन्म में भी उनके मस्तिष्क के किसी कोने में मौजूद थीं। इसलिए उन्हें वे सब प्रार्थनाएँ याद आ गईं। सभी हाथी उन्हें छोड़कर जा चुके थे। मृत्यु बिल्कुल नजदीक पहुँच चुकी थी। तब उन्होंने भगवान विष्णु को पुकार लगाई - "हे प्रभु, आकर मुझे बचाओ।" भक्त की करुण पुकार सुनकर भगवान पैदल ही दौड़कर वहाँ पहुँच गए। उन्होंने सुदर्शन चक्र से मगरमच्छ का वध किया और गजेंद्र की रक्षा की।

जिसकी जैसी भावना होती है, वैसा ही फल उसे प्राप्त होता है। इस पर इस कथा को सुनते हैं।

झूठा संत :

एक साधु और एक वेश्या एक ही दिन मरते हैं। साधु को नर्क और वेश्या को स्वर्ग मिलता है। इस पर संत विरोध करता है। उसे बताया गया कि वेश्या हमेशा संत व्यक्ति के बारे में सोचती रहती थी और अपने जीवन पर पछतावा कर रही थी। वहीं संत हमेशा वेश्या और उसके साथ सुख के बारे में सोचते रहते थे। संत ने सभी वर्षों में किए गए सभी धार्मिक कार्यों के प्रभाव के बारे में पूछा। तब उसे दिखाया गया कि बड़ी संख्या में भक्त सम्मान के साथ उसके शरीर का अंतिम संस्कार कर रहे थे। वहीं वेश्या के शरीर का एक अनाथ के रूप में अंतिम संस्कार किया जा रहा था।

शरीर त्यागते समय मनुष्य जिस-जिस भाव का स्मरण करता है, वह उस भाव को निश्चित रूप से प्राप्त होता है। इस प्रसंग पर श्रीमद भागवत पुराण में अजामिल की एक सुंदर कथा है।

नारायण नाम के उच्चारण से नरक के भागी अजामिल को मिला स्वर्ग :

अजामिल एक धर्मपरायण, गुणी, समझदार और विष्णुभक्त था। माता-पिता के आज्ञाकारी पुत्र ने किशोरावस्था तक वेद-शास्त्रों का विधिवत अध्ययन कर लिया। युवावस्था में प्रवेश करते ही एक दिन उसके साथ ऐसी घटना घटी कि उसका पूरा जीवन परिवर्तित हो गया। पिता के आदेश पर अजामिल एक दिन पूजा के लिए वन से उत्तम फल और फूल लेकर लौट रहा था। रास्ते में उसे बाग में एक सुंदर युवती दिखी। वह उस युवती का रूप निहारने लगा। रूपजाल में फँसा अजामिल अपने संस्कार तक भूल गया। उसने पूजा के लिए रखे फल-फूल वहीं फेंक दिए और युवती के साथ प्रेम में मगन हो गया। फिर उस स्त्री को लेकर वह घर चला आया।

पिता के नाराज होने पर उसने कहा कि उसने गंधर्व विवाह कर लिया है। पिता ने उसे समझाया परंतु नारी रूप पर आसक्त अजामिल को कहाँ समझ आना था। उसने पिता को ही घर से निकाल दिया। लोकलज्जा, कर्म और संस्कार तो भूल ही चुका था, स्त्री की जरूरतें पूरी करने के लिए अजामिल चोरी, डकैती, लूटपाट करता। मदिरापान और जुए की लत पड़ गई थी। उसे बुरे कर्मों में ही संतुष्टि मिलने लगी। उस स्त्री से अजामिल को नौ संताने हुईं। दसवीं बार जब उसकी पत्नी गर्भवती हुई तब एक दिन पच्चीस संतों का एक काफिला अजामिल के गाँव से गुजर रहा था। यहाँ पर शाम हो गई तो संतों ने अजामिल के घर के सामने डेरा जमा दिया। रात में जब अजामिल आया तो उसने साधुओं को अपने घर के सामने देखा। इससे वह बौखला गया और साधुओं को भला-बुरा कहने लगा। इस आवाज को सुन कर अजामिल की पत्नी वहाँ आ गई और उसने पति को डाँटते हुए शांत कर दिया। अगले दिन साधुओं ने अजामिल से दक्षिणा माँगी। इस पर वह फिर बौखला गया और साधुओं को मारने के लिए दौड़ पड़ा। तभी पत्नी ने उसे रोक दिया। साधुओं ने कहा कि हमें रुपया पैसा नहीं चाहिए। इस पर अजामिल ने हाँ कह दिया। साधुओं ने कहा कि अपने होने वाले पुत्र का नाम तू नारायण रख ले। बस यही हमारी दक्षिणा है। अजामिल की पत्नी को पुत्र पैदा हुआ तो अजामिल ने उसका नाम

अजामिल – उद्धार

नारायण रख दिया और नारायण से प्रेम करने लगा। समय बीतने पर जब अजामिल का अंत समय नजदीक आ गया तो भयानक यमदूत उसे लेने आए। भय से व्याकुल अजामिल ने नारायण! नारायण! पुकारा। भगवान का नाम सुनते ही भगवान विष्णु के दूत तत्काल वहाँ पहुँचे। यमदूतों ने जिस रस्सी से अजामिल को बाँधा था, भगवान के दूतों ने उसे तोड़ डाला। यमदूतों के पूछने पर दूतों ने कहा कि नारायण नाम के प्रभाव से यह श्रीहरि का शरणागत बन गया है। यमदूतों को भगवान के दूतों के सामने अजामिल को छोड़कर जाना पड़ गया। इस तरह अजामिल को मोक्ष की प्राप्ति हुई। इसलिए कहा गया है कि भगवान का नाम लेने से ही मोक्ष की प्राप्ति हो जाती है।

अध्याय - 9

राजविद्याराजगुह्ययोग
(भक्ति मार्ग)

प्रस्तावना :

पिछले अध्यायों तक कर्मयोगी की उच्च स्थिति की व्याख्या करने के बाद, भगवान के लिए अब भक्ति की महिमा बतलाना ही शेष रह जाता है क्योंकि गीता का कर्मयोगी शुष्क ज्ञानी नहीं है, और न ही ब्रह्मचारी संन्यासी। इस अध्याय में भगवान ने भक्ति-मार्ग पर चलने का उपदेश दिया है और उसे उन्होंने सब विद्याओं का राजा बताया है। भक्ति का मतलब होता है - ईश्वर में आसक्ति, ईश्वर से प्रेम। हृदय में जो बैठ जाए वह सरल है, जो न बैठे वह विकट है। भक्तिमार्ग ईश्वर को पाने का सरल-से-सरल उपाय है। यह अध्याय बतलाता है कि प्रभु की भक्ति के बिना, फलों से अनासक्ति रखना, यानि कर्मयोगी बनना असम्भव है।

सारांश :

भगवान कहते हैं - हे अर्जुन! अब मैं तुझे वह गूढ़-ज्ञान बतलाता हूँ, जिसे पाकर, तू सब बुराइयों से मुक्त हो जाएगा, तेरा कल्याण होगा। यह ज्ञान सभी ज्ञानों से श्रेष्ठ है, पवित्र है और व्यवहार में सरलता से लाया जा सकता

है। इसे भक्ति-मार्ग कहते हैं। हे अर्जुन! इस संसार में मैं हर जगह मौजूद हूँ। सब प्राणी मुझमें ही निवास करते हैं, किन्तु मैं उनमें निवास नहीं करता। यद्यपि मैं, उनकी उत्पत्ति का कारण हूँ और उनका पोषण करता हूँ फिर भी मैं, उनमें से नहीं हूँ। अज्ञान में होने के कारण वे मुझे नहीं पहचानते क्योंकि उनमें मेरे लिए भक्ति नहीं है। अज्ञान के अंधेरे को हटाकर, भक्ति करने का मूल साधन केवल श्रद्धा है। श्रद्धा के बीज से ही आस्था का पौधा लहलहाने लगता है और फिर इसी पौधे पर भक्ति के फूल खिलते हैं।

श्रीकृष्ण कहते हैं - हे अर्जुन! वायु की भाँति, मैं सर्वत्र फैला हूँ। सब वस्तुएँ मुझमें निवास करती हैं। जगत का सृजन, पालन तथा संहार, पूरी तरह मुझ पर ही निर्भर है। युगों (सतयुग, त्रेता, द्वापर और कलियुग) का चक्र पूरा होने पर, प्रलय के समय, सभी वस्तुएँ अंत होकर, मुझमें ही समा जाती हैं। दूसरा चक्र आरम्भ होने पर, मैं उन्हें अपनी शक्ति से पुनः उत्पन्न करता हूँ। सारा जगत, मेरे अधीन है। यह मेरी इच्छा से बार-बार उत्पन्न होता रहता है और मेरी इच्छा से अन्त में नष्ट हो जाता है। अज्ञानी, माया-मोह से घिरे होने के कारण लोग मुझ जगत के स्वामी को नहीं जानते, पर ज्ञानी, मेरे सत्य को पहचानने वाले, मेरी शरण में आने की इच्छा से, मेरी उपासना करते हैं। कुछ मेरा एकरूपवाला (निराकार) और कुछ मेरे अनेकों रूपों को (साकार), मन में रखकर पूजा करते हैं। हे अर्जुन! ये सभी मेरे भक्त हैं।

भगवान श्रीकृष्ण आगे समझाते हैं - हे अर्जुन! सारे जगत में, हर जगह, मैं ही मौजूद हूँ। यूँ समझो - यज्ञ का संकल्प मैं, यज्ञ मैं, पितरों का आधार मैं, यज्ञ की वनस्पति मैं, मंत्र, घी, अग्नि तथा आहुति भी मैं,हूँ। मैं, इस ब्रह्माण्ड का पिता, माता, आश्रय तथा पितामह हूँ। मैं ओंकार हूँ। मैं ऋक्, साम और यजुर्वेद भी हूँ। मैं ही पालनकर्ता, स्वामी, शरणस्थली, कल्याण चाहने वाला भी हूँ। मैं ही गर्मी प्रदान करता हूँ, वर्षा को रोकता तथा लाता हूँ। मैं अमरत्व हूँ और साक्षात मृत्यु भी हूँ। आत्मा तथा पदार्थ (सत् और असत्) दोनों मुझमें ही हैं।

भगवान कहते हैं - हे अर्जुन! पृथ्वी लोक में, समस्त प्राणियों में, केवल मनुष्य ही एक ऐसा प्राणी है, जो विवेकशील है। जो अच्छे-बुरे की पहचान रखता है। दूसरा कोई भी प्राणी ऐसा नहीं कर सकता। पाप-पुण्य का

लेखा-जोखा, अर्थात प्रारब्ध केवल मनुष्य का बनता है। इसलिये जब मनुष्य, अपने पाप और पुण्य भोग लेता है, तो उसे फिर मनुष्य की योनि में भेज दिया जाता है। देवों की योनियों में, जो मनुष्य जाते हैं, स्वर्गलोक का आनन्द लेने के बाद जब उनका पुण्य समाप्त हो जाता है, तब स्वर्ग से लौट आते हैं, और मनुष्य की योनि प्राप्त होने पर, फिर कर्म करते हैं। इस तरह सदैव जन्म-मृत्यु का कष्ट भोगते रहते हैं।

भगवान कहते हैं - हे अर्जुन! संसार में भिन्न-भिन्न लोग भिन्न-भिन्न देवताओं की पूजा करते हैं। वे सब वास्तव में मेरी ही पूजा करते हैं। क्योंकि सारे देवी देवता मेरे ही अंग हैं। सभी यज्ञों का एकमात्र भोक्ता तथा स्वामी, मैं ही हूँ। मनुष्य भोग-विलास की कामना रखते हुए, क्षणिक लाभ के लिये, भिन्न-भिन्न देवताओं की पूजा करते हैं। फल निश्चित मिलता है, किन्तु उनका फल नाशवान होता है। भोगने के बाद नष्ट हो जायेगा। फिर से जन्म-मरण के चक्र में फँस जाते हैं। इसलिए हे अर्जुन! जो देवताओं की पूजा करते हैं, वे देवताओं के बीच जन्म लेंगे, जो पितरों को पूजते हैं, वे पितरों के पास जाते हैं, जो भूत-प्रेतों की उपासना करते हैं, वे उन्ही के बीच जन्म लेते हैं और जो मेरी पूजा करते हैं, वे सब मेरे निवास स्थान मे आते हैं।

अर्जुन पूछते हैं - हे मधुसूदन! तुम्ही ने मायामय सृष्टि की रचना करके, पग-पग पर मनुष्य को बहकने के लिए, अनगिनत आकर्षण पैदा किये हैं। अपने रास्ते से भटके हुए मनुष्य की, सहायता करने के लिए, आखिर तुम उससे चाहते क्या हो? क्या तुम्हें सोने-चाँदी के चढ़ावे चाहिए? क्या तुम्हे अपने भक्त से स्वादिष्ट और स्वच्छ पकवान चाहिए?

भगवान स्पष्ट करते हैं - हे कौंतेय! मैं मनुष्य से एक श्रद्धा के अतिरिक्त कुछ नहीं चाहता, कुछ नहीं माँगता। वह मेरे प्रति बड़े-बड़े चढ़ावे न चढ़ाये। सोना-चाँदी, घी-चंदन अथवा पकवान के चढ़ावे, मुझे नहीं चाहिए। श्रद्धा और भक्ति भाव से, एक फल, एक फूल, फूल की एक पत्ती, जल का एक कतरा या चावल का आधा दाना ही सही, मैं उसे भक्त की श्रद्धा से कहीं अधिक श्रद्धा से स्वीकार कर लेता हूँ। अरे, इतना भी न हो सके, तो श्रद्धा या भक्ति का एक आँसू ही सही, मैं उसे भी कुबूल कर लेता हूँ। श्रद्धा में डूबे, एक आँसू में, मेरा सारा अस्तित्व सराबोर हो जाता है। भक्ति अथवा पश्चाताप का ये आँसू, चाहे लाखों पाप करने के बाद, अंतिम क्षण में क्यूँ न

बहाया गया हो, मैं उस अनुपम भेंट को भी स्वीकार कर लेता हूँ। मनुष्य के सारे पापों को उस आँसू से धोकर, उसे नवजात शिशु की तरह निष्पाप कर देता हूँ। उसका कल्याण करता हूँ, उसे मुक्ति देता हूँ।

भगवान ने आगे फिर समझाया - हे अर्जुन! मनुष्य कर्म करे परन्तु फल-प्राप्ति में आसक्ति न हो, ऐसा करने का एक सुगम रास्ता है – " कर्म को ही, प्रभु को अर्पित करता रहे।" इसलिए हे अर्जुन! तुम जो कुछ करते हो, जो कुछ खाते हो, जो कुछ दान देते हो और जो भी तपस्या करते हो, उसे मुझे अर्पित करते हुए करो। उसे मैं स्वयं ग्रहण करता हूँ। इस तरह तुम कर्म के बंधन और फल की आसक्ति से, मुक्त हो सकोगे और तुम्हारे सभी शुभ-अशुभ फलों की जिम्मेदारी मेरी होगी।

हे अर्जुन! मेरे लिए कोई छोटा-बड़ा, ऊँचा-नीचा नहीं है। सभी प्राणियों के प्रति एक समान हूँ। सभी समान रूप से मेरे निवास-स्थान पाने के अधिकारी हैं। सदाचारी, दुराचारी सभी को भजन करने का अधिकार है। भजन के प्रभाव से दुराचारी भी, शीघ्र ही धर्मात्मा बन जाता है। इसलिए हे अर्जुन! अपने मन को, नित्य मेरे चिंतन में लगाओ, मेरे भक्त बनो, तुम निश्चित रूप से मुझको पा जाओगे।

अध्याय - 10

विभूति योग
(भगवान के स्वरूप की महिमा)

प्रस्तावना :

गीता के सातवें से नवें अध्याय तक, प्रभु ने कई स्थानों पर अपने स्वरूप का वर्णन किया है, जिससे मनुष्य, प्रभु के रूप को मन में बैठाकर, आसानी से उनमें ध्यान लगा सकें। प्रभु गुणों के सागर हैं। उनके रूप का विस्तार और सामर्थ्य पूर्णरूप में समझना, मनुष्य की साधारण सी बुद्धि के वश में नहीं है। इसलिए यह आवश्यक हो जाता है, कि कुछ उदाहरण दिये जाएँ, जिससे ईश्वर के स्वरूप की भव्यता का चित्रण हो सके। इस जगत में, जहाँ कहीं भी, इस भव्यता के दर्शन होंगे, हम उन्हें सम्मानपूर्वक नमन करेंगे और परमात्मा को याद करेंगे। इस अध्याय में, प्रभु की इन्हीं विभूतियों (भव्य स्वरूपों) का वर्णन है।

सारांश :

भगवान कहते हैं - हे अर्जुन! भक्तों के हित के लिए, मैं फिर से अपने स्वरूप का उदाहरण दे रहा हूँ। ध्यान से सुनो। देव और महर्षिगण तक मेरी उत्पत्ति नहीं जानते। क्योंकि, मैं खुद उनकी और अन्य सबकी, उत्पत्ति

का कारण हूँ। जो मनुष्य, मुझ अजन्मा और अनादि के रूप को पहचान जाता है उसके अज्ञान का अँधेरा छँट जाता है और वह पापों से मुक्त हो जाता है।

भगवान आगे समझाते हैं - हे अर्जुन! मैं सबका महेश्वर हूँ। जैसे प्राणी मुझसे पैदा हुए हैं, वैसे उनके भिन्न-भिन्न भाव भी, जैसे क्षमा, सत्य, सुख, दुख, जन्म-मृत्यु, भय-अभय आदि भी मुझसे ही उत्पन्न हुए हैं। सृष्टि की रचना करने वाले सात महर्षि, मनु आदि भी मुझसे ही उत्पन्न हुए हैं। मैं सब वस्तुओं की उत्पत्ति स्थल हूँ। मुझसे ही, सारी सृष्टि चलती है। जो मेरे इन गुणों को और शक्ति को पहचान लेते हैं, वे सब मुझे, अपने मन में बैठाकर, मेरी पूजा, भजन आदि करते हुए आनन्द से रहते हैं। वे अंत में मुझे ही पाते हैं।

तब अर्जुन पूछते हैं - हे वासुदेव! आप ही परब्रह्म हैं, परमधाम हैं, पवित्र हैं, ऋषि आदि सब आपको आदिदेव अजन्मा, ईश्वर के रूप में भजते हैं, ऐसा आप ही कहते हैं। हे स्वामी, हे पिता, आपका स्वरूप कोई नहीं जानता, आप ही अपने को जानते हैं। आप मुझे अपने स्वरूप की विभूतियों के विषय में बताइए और साथ ही यह सुझाइए कि आपका चिंतन करते हुए, मैं आपको कैसे पहचान सकता हूँ।

अर्जुन की इच्छा जानकर भगवान ने जवाब दिया - हे अर्जुन! मेरे विविध रूपों के विस्तार का कोई अंत नहीं है। उनमें से थोड़ी खास-खास मैं तुम्हें बता देता हूँ। सब प्राणियों के हृदय में बैठी हुई आत्मा मैं ही हूँ। मैं ही उनकी उत्पत्ति, उनका मध्य और उनका अंत हूँ। आदित्यों में विष्णु मैं, उज्ज्वल वस्तुओं में प्रकाश देने वाला सूर्य मैं, वायुओं में मारीचि मैं, नक्षत्रों में चंद्र मैं, वेदों में सामवेद मैं, देवों में इंद्र मैं, इंद्रियों में मन मैं, प्राणियों में चेतन शक्ति मैं, रूद्र में शंकर मैं, यक्ष-राक्षसों में कुबेर मैं, दैत्यों में प्रह्लाद मैं, पुरोहितों में बृहस्पति मैं, ऋषियों में भृगु मैं, शस्त्रों में वज्र मैं, पशुओं में सिंह मैं, पक्षियों में गरुड़ मैं और छल करने वालों में जुआ भी मुझे ही जानो। इस जगत में जो कुछ होता है, वह मेरी मर्जी के बिना, हो ही नहीं सकता। अच्छा और बुरा भी मैं होने देता हूँ, तभी होता है। यह जानकर मनुष्य को अभिमान छोड़ना चाहिए और बुरे से बचना चाहिए, क्योंकि भले-बुरे का फल देने वाला भी मैं हूँ। इतना जानो कि, यह सारा जगत, मेरी विभूति के एक अंश मात्र में स्थित है।

विराट रूप

अध्याय - 11

विश्वरूप दर्शन योग
(भगवान का विराट रूप)

प्रस्तावना :

दसवें अध्याय के अंत में भगवान ने यह कहकर कि "सम्पूर्ण विश्व को मैंने अपने अंशमात्र में धारण किया है" अध्याय को समाप्त किया था। इस प्रसंग को सुनकर, अर्जुन के मन में उस महान स्वरूप को प्रत्यक्ष देखने की तीव्र इच्छा उत्पन्न हो गई। इस अध्याय में, अर्जुन की प्रार्थना पर, श्रीकृष्ण ने विराट रूप दिखाया है। इस अध्याय के अधिकांश भाग में, विराट रूप का वर्णन और उसकी स्तुति की गई है। इसलिए इस अध्याय का नाम विश्वरूप दर्शनयोग रखा गया है। महाभारत के एक प्रमुख पात्र संजय का भी जिक्र है। संजय को दिव्यदृष्टि मिली है, जिससे वह युद्ध का "आँखों देखा हाल" महाराज धृतराष्ट्र को सुनाता रहता है। प्रभु के दिव्य विराट रूप में प्रकट होने पर, उस अद्भुत क्षण के वर्णन की शुरुआत संजय से होती है।

सारांश :

अर्जुन कहते हैं - हे वासुदेव! आपने आत्मा के संबंध में, मुझे जो परम रहस्य

समझाया है, उसके कारण मेरा मोह समाप्त हो गया है। हाँ भगवन! आपने अपनी ज्योति से मेरे अंदर को प्रकाशित कर दिया है। परन्तु आपकी ज्योति का तेज, मेरी समस्त कामनाओं को भस्म नहीं कर सका। अब भी मेरे मन के अंदर एक कामना रह गई है, जो मरी नहीं है।

कृष्ण पूछते हैं - हे अर्जुन! ऐसी कौन सी कामना है, जिसे मेरी ज्योति का तेज भी भस्म नहीं कर सका।

अर्जुन - आपके दर्शन की।

कृष्ण - मेरा साक्षात दर्शन तो तुम कर रहे हो।

अर्जुन कहते हैं - नहीं भगवन्! इस समय मैं आपके सम्पूर्ण रूप का दर्शन करना चाहता हूँ। आपके भिन्न-भिन्न गुणों की, आपके भिन्न-भिन्न रूपों की व्याख्या मैं सुन चुका हूँ। भिन्न-भिन्न अवतारों में भी आपके भिन्न-भिन्न रूप हुए हैं। मैं उन सभी रूपों को, सभी गुणों को, एक साथ, एक ही समय में, देखना चाहता हूँ। हे समस्त चराचर के स्वामी! यदि आप मुझ पर प्रसन्न हों, तो मेरी यह अंतिम इच्छा पूरी कर दीजिए।

भगवान कृष्ण कहते हैं - हे पार्थ! मैंने तुम्हें, सर्वदा अपना सखा कहा है। मैं तुम्हारी यह इच्छा भी अवश्य पूरी कर सकता हूँ परन्तु मेरे विराट स्वरूप के दर्शन का तेज, तुम्हारी ये आँखें नहीं सह सकेंगी। हे अर्जुन! तुम्हारी दृष्टि की झोली इतनी बड़ी नहीं कि जिसमें मेरा सम्पूर्ण दिव्य स्वरूप समा सके।

अर्जुन कहते हैं - मेरी दृष्टि की झोली छोटी है, परन्तु आपकी करुणा, आपकी दया तो छोटी नहीं है। जैसे दाता अपने याचक की छोटी झोली देखकर, दान कम नहीं करता। उसी तरह, हे अपरम्पार! मुझे वह दृष्टि प्रदान करो, जिससे मैं आपके विराट रूप के दर्शन कर सकूँ।

भगवान कहते हैं - हे अर्जुन! एक सच्चे भक्त की भाँति आज तुमने भगवान को हरा दिया है। अच्छी बात है। मैं तुम्हारी इच्छा अवश्य पूरी करूँगा। आज तुम्हारे कारण, समस्त देवी-देवता भी, मेरे दुर्लभ रूप को देखकर निहाल हो जाएँगे। पहले मैं तुम्हें वे नेत्र प्रदान करता हूँ, जो इस विराट रूप के दर्शन कर सकें।

उधर संजय, युद्धभूमि में कृष्ण और अर्जुन के बीच हो रहे संवाद को, सुन रहे हैं। इस अद्भुत क्षण का वर्णन करते हुए धृतराष्ट्र से कहते हैं – महाराज! अर्जुन से इस प्रकार कहकर, योगेश्वर कृष्ण ने अर्जुन को दिव्य

दृष्टि देते हुए, अपना सर्वोच्च और विराट रूप प्रकट किया। संजय आगे कहते हैं – महाराज! ऐसा लग रहा है जैसे करोड़ों सूरज, कुरुक्षेत्र की धरती पर उतर आए हैं। पाताल से पृथ्वीलोक और पृथ्वीलोक से स्वर्गलोक तक भगवान का विराट आकार फैल गया है। भगवान के इस दिव्य विराट रूप के दर्शन के लिए सारी सृष्टियाँ सजग हो गई हैं। अर्जुन आश्चर्यचकित और रोमांचित होकर, भगवान से कुछ कह रहे हैं।

अर्जुन कहते हैं - हे महाविराट रूप! हे महाविकराल रूप! हे परमदेव! आपकी विशाल आकृति को देखकर मैं आश्चर्यचकित हूँ, भयग्रस्त हो रहा हूँ। स्वर्ग से लेकर पाताल लोक तक केवल आपका ही विशाल और विकराल रूप दिखाई दे रहा है। मेरी दिव्यदृष्टि की सीमाओं से परे आप हैं। आपका अस्तित्व कहाँ से आरम्भ होता है और कहाँ समाप्त होता है, मेरी समझ में कुछ नहीं आ रहा है। मैं देख रहा हूँ, धृतराष्ट्र के सारे पुत्र अपने समस्त सहायक राजाओं सहित तथा भीष्म, द्रोण, कर्ण एवं हमारे प्रमुख योद्धा भी, आपके विकराल मुख में, विनाश के लिए प्रवेश कर रहे हैं। मेरी बुद्धि भ्रमित हो रही है। कृपया मुझको समझाइए, आप कौन हैं?

हे महाबाहु! आपका उग्र प्रकाश, अपने तेज से समस्त जगत को तपा रहा है। मुझ पर कृपा कीजिए। मुझे बतलाइए कि उग्र रूप वाले, आप कौन हैं?

भगवान कृष्ण (विराट रूप में) बोले - हे अर्जुन! तुम पर अनुग्रह करके, मैंने अपनी योगशक्ति के प्रभाव से परम तेजों में, अनादि और अनन्त रूप का दर्शन, तुम्हें करा दिया है। ये जो तुम मेरा विराट रूप देख रहे हो, आज से पहले, मैं ने किसी को नहीं दिखाया है। तुम पर, केवल स्नेह के कारण, मैंने तुम्हें इस रूप के दर्शन कराए हैं। तुझे व्याकुलता नहीं होनी चाहिए। हे पाण्डव पुत्र! मेरी ओर देखो। मैं समस्त लोकों का नाश करने वाला महाकाल हूँ। तुमने देखा, द्रोण, भीष्म, कर्ण तथा अन्य शूरवीर योद्धा, मेरे द्वारा, पहले ही मारे जा चुके हैं। तुम तो युद्ध में उनको मारने का केवल निमित्तमात्र हो। मेरे मुख में, प्रति क्षण, हजारों सृष्टियाँ विलीन होती रहती हैं और मेरे मुख से लाखों ब्रह्माण्ड प्रकट होते रहते हैं। करोड़ों सितारों और लाखों सूर्यों से बनी ये सारी सृष्टियाँ, केवल मेरी मर्जी से चलती हैं। जब चाहता हूँ, इन्हें बना लेता हूँ, जब चाहता हूँ मिटा देता हूँ। मैं ही जन्म

हूँ, मैं ही मृत्यु हूँ। हे भक्त! इस समय मैंने तुम्हारी भक्ति के कारण, तुम्हारी प्रार्थना स्वीकार करके, जो रूप धारण किया है, वह रूप केवल तुम्हारे समझने के लिए सम्पूर्ण है। तुम मेरे अस्तित्व को, न अपनी बुद्धि से समझ सकते हो, न ही दिव्यदृष्टि से मेरे सम्पूर्ण रूप को देख सकते हो। तुम्हारी सारी कल्पनाएँ, मेरे सम्पूर्ण अस्तित्व को देखने में असफल हो जाएँगी। हाँ केवल भक्ति से तुम मेरी विशालता का आभास कर सकते हो, केवल आभास। इसलिए केवल श्रद्धा और भक्ति से, मेरे इस रूप को हृदय में धारण करके, भय और व्याकुलता का त्याग करके, केवल मेरे नाम का स्मरण करो।

भ्रमित और भयभीत अर्जुन प्रार्थना करते हैं - हे परमेश्वर! हे त्रिलोकीनाथ! आपने ठीक ही कहा है। आपके विराट रूप के तेज को मेरी आँखें सहन नहीं कर पाएँगी। आपका यह विशाल और विकराल रूप देखकर मेरा मन, घबराहट के मारे व्याकुल हो रहा है। आपने अपने विराट रूप के दर्शन के लिए मुझे दिव्य दृष्टि तो प्रदान कर दी, मगर इन आँखों में इतनी सहनशक्ति, इतनी क्षमता भी नहीं है कि आपके इस परम तेजस्वी रूप को और अधिक देर तक देख सकें। इसलिए हे विश्वनाथ! हे प्रभु! मैं आपसे फिर प्रार्थना करता हूँ, कि मेरी घबराहट और व्याकुलता को दूर करने के लिए प्रभु! मुझे अपना शीतल रूप दिखाइए। मैं आपके चतुर्भुज रूप के दर्शन से, अपना मन शांत करना चाहता हूँ। आप फिर से शंख, चक्र, पद्म, गदा धारण करके, अपने सौम्य चतुर्भुज रूप में मुझे दर्शन देने की कृपा करें।

भगवान कृष्ण (विराट रूप में) कहते हैं - हे भक्त! मैंने तुमसे पहले ही कह दिया था कि तुम मेरे विराट रूप का तेज सहन नहीं कर पाओगे। फिर भी, केवल तुम्हारा मान रखने के लिए मैंने, यह विराट रूप धारण किया है और अब तुम्हारी दूसरी प्रार्थना को भी स्वीकार करता हूँ और तुम्हारी इच्छानुसार चतुर्भुज रूप धारण करता हूँ।

अर्जुन कहते हैं - हे जनार्दन! आपका विराट रूप देखकर मेरा मन भयग्रस्त हो गया था परन्तु आपके इस चतुर्भुज रूप के दर्शनों से, मेरा चित्त शांत और मन स्थिर हो गया है।

कृष्ण कहते हैं - हे अर्जुन! तुम परम भाग्यवान हो, जो तुमने मेरे विराट

स्वरूप और चतुर्भुज रूप, दोनों के ही दर्शन कर लिए। मेरे यह दर्शन, देवों को भी दुर्लभ हैं। यह दर्शन, केवल शुद्ध भक्ति से ही सम्भव हो सकता है। जो अपने सभी कर्म मुझ पर अर्पित करता है, मेरा ही स्मरण करता है, मेरा भक्त बनता है, विषयों से आसक्ति को छोड़ता है और सभी प्राणियों से प्रेम रखता है, वही मुझे पाता है।

<h1 style="text-align:center">अध्याय - 12</h1>

<h1 style="text-align:center">भक्तियोग</h1>

प्रस्तावना :

पिछले अध्यायों में, भगवान ने, जगह-जगह निर्गुण-निराकार ब्रह्म की और सगुण-साकार परमेश्वर की उपासना की प्रशंसा की है। अर्जुन स्वयं भगवान कृष्ण के सगुण-साकार रूप में भक्ति रखते हैं। अर्जुन अपनी स्थिति स्पष्ट करना चाहते हैं कि निराकार और साकार दोनों मार्गों में, कौन सा बेहतर है। इस अध्याय में भगवान ने, ईश्वर के निराकार तथा साकार स्वरूपों का अंतर स्पष्ट किया है। साकार परमेश्वर की उपासना की प्रधानता होने के कारण इस अध्याय में, भक्ति का स्वरूप, उसके साधनों का वर्णन और भक्तों के लक्षण बताए गए हैं। इसलिए इसका नाम भक्तियोग रखा गया है।

सारांश :

अर्जुन कहते हैं - हे वासुदेव! आपने मुझे जब अपना विराट रूप दिखाया, तो यह भी तो बताया था कि यह विराट रूप सम्पूर्ण नहीं है। केवल मेरे अपने के समझने के लिए सम्पूर्ण है। इसका अर्थ है, कि वास्तव में आप इतने विशाल इतने विकराल हैं कि आपका कोई आकार हो ही नहीं सकता।

कृष्ण कहते हैं - हाँ अर्जुन! यही सत्य है। मैं अनादि हूँ, अनन्त हूँ, सदा से हूँ, और सदा रहूँगा। सम्पूर्ण सृष्टियों में, ऐसी कोई जगह, कोई स्थान नहीं है, जहाँ मैं नहीं हूँ। इसलिए मेरा कोई आकार नहीं है, मैं निराकार हूँ।

अर्जुन कहते हैं - भगवन! आपने यह भी तो कहा था कि हाथी में भी आप हैं, गाय में भी आप हैं, चींटी में भी आप हैं।

श्री कृष्ण कहते है – हाँ, यह भी सत्य है।

अर्जुन कहते हैं – भगवन! तो फिर, इस तरह आप साकार भी तो हैं।

श्री कृष्ण कहते हैं - हाँ अर्जुन! जैसे मैं इस समय, तुम्हारे सामने मानव अवतार में खड़ा हूँ, यह भी मेरा साकार रूप है। इसके अतिरिक्त मेरे जो अवतार हुए हैं, वे भी मैंने तुम्हें दिखाए हैं। ये सब साकार ही हैं परन्तु मेरा सच्चा और सबसे विशाल रूप निराकार है।

अर्जुन कहते हैं - हे प्रभु! तो यह सिद्ध हो गया कि आप निराकार भी हैं और साकार भी हैं। आपके भक्त जो आपको साकार समझते हैं, वे आपके अवतारों की प्रतिमाएँ बनाकर आपकी पूजा करते हैं और जो भक्त आपको निराकार मानते हैं वे आपको निराकार रूप में पूजते हैं। इनमें से कौन सही है? वे जो आपकी प्रतिमाओं को पूजते हैं, या वे भक्त रूप में जो आपको निराकार रूप में पूजते हैं।

श्रीकृष्ण समझाते हैं - हे अर्जुन! गलत कोई भी नहीं है। मेरे भक्त को मेरा रूप चर-अचर किसी भी रूप में दिखाई देता है, तो मन में मेरा ही ध्यान करके उसे पूजता है। मेरे रूप या अवतारों की मूर्तियाँ बनाकर भी, पूजा की जाती है। जिन्हें मूर्तियों में मेरा विशाल रूप दिखाई नहीं देता, वे मेरे अनादि और अन्नत निराकार रूप की पूजा करते हैं। दोनों तरह के भक्त, भक्ति के रास्ते पर चलते-चलते, मेरे परमधाम की ओर बढ़ते हैं और अंत में मुझे ही पाते हैं।

श्री कृष्ण आगे कहते हैं - हे अर्जुन! जन साधारण के लिए, निराकार स्वरूप, ध्यान के लिए समस्या बना रहता है। वास्तव में कोई भी, परमसत्य के निराकार रूप का चिंतन ठीक से नहीं कर पाता। निराकार रूप, मनुष्य की कल्पना से परे है इसलिए ज्यादातर सभी मनुष्य, जाने-अनजाने साकार रूप के ही भक्त हैं। मेरे साकार रूप की भक्ति करना सबसे आसान और सुगम है।

हे अर्जुन! मेरे भक्त बड़े अनोखे और निराले हैं। कोई मुझे, अपना पिता मानकर मुझसे बेटे का रिश्ता जोड़ लेता है तो कोई मुझे माता मानता है। कोई मुझे सखा मानता है तो कोई मुझसे प्रेम का नाता जोड़ लेता है। जैसे गोकुल की गोपियाँ जो मेरे प्रेम में, संसार के सारे रीति रिवाजों को भूल जाती हैं। उनकी आँखो में, उनके मन में, हर समय, हर जगह, मेरा ही रूप समाया रहता है। श्रद्धालु भक्तों को, उनकी भक्ति का बदला, उनके मनचाहे रूप में देता हूँ। मैं उनका पिता भी हूँ, माता भी हूँ, सखा भी हूँ और बेटा भी मैं ही हूँ।

अर्जुन पूँछते हैं - हे भगवन! क्या भक्त आपसे प्रेम भी कर सकता है?

श्री कृष्ण कहते हैं - हे पार्थ! प्रेम ही तो भक्ति है। जिसके मन में प्रेम न हो, वह मेरा भक्त कैसे हो सकता है। सच पूछो तो प्रेम ही परमात्मा है।

अर्जुन कहते हैं - हे कृष्ण! किसी से प्रेम करने की कोई विधि नहीं होती परन्तु पूजा करने की तो कई विधियाँ हैं। आपके भक्त, इन्ही विधियों के अनुसार आपकी पूजा करते हैं।

भगवान श्रीकृष्ण समझाते हैं - हे अर्जुन! पूजा मन की साधना होती है और मन की साधना का विधि से क्या लेना-देना। जैसे प्रेम करने वाले दो प्रेमी, मन से मन लगाकर प्रेम करते हैं वैसे ही भक्ति की जाती है। ये विधियाँ तो बनाने वालों ने बना दी हैं। मैं उन विधियों द्वारा पूजा करने वालों की पूजा भी स्वीकार कर लेता हूँ। परन्तु **मैं यह नहीं देखता कि मेरा भक्त विधि अनुसार पूजा कर रहा है या नहीं। केवल पूजा करने वाले की भावना देखता हूँ।** उसके मन में मेरे प्रति प्रेम और भक्तिभाव है या नहीं यह देखता हूँ। जिस पूजा में विधि ही विधि हो और प्रेम तथा भक्ति न हो, कोई भी मुझे उस पूजा से प्राप्त नहीं कर सकता है।

भक्ति करने के तरीकों का वर्णन करते हुए श्रीकृष्ण ने कहा - हे अर्जुन! भिन्न-भिन्न भक्त, मेरी भक्ति करने के लिए, भिन्न-भिन्न साधन अपनाते हैं। कुछ तो मेरे साकार रूप को अपने मन में धारण करके, अपने सारे कर्मों को उसमें समर्पित कर देते हैं। कुछ आसन, ध्यान, योग द्वारा अपने मन को वश में करके, मुझ तक पहुँचने का यत्न करते हैं। कुछ ऐसे होते हैं जो कर्मफलों का त्याग करके, उनके हिस्से में जो काम आता है करते रहते

हैं। रास्ता कोई भी हो, निरंतर प्रयास से, भक्ति रस का रंग चढ़ने लगता है और परमात्मा से नजदीकी का आनन्द मिलने लगता है।

भक्त के लक्षणों को गिनाते हुए श्रीकृष्ण कहते हैं - हे अर्जुन! मेरा भक्त हर्ष, शोक, भय आदि से मुक्त रहता है। उसमें किसी प्रकार की इच्छा नहीं होती, पवित्र होता है, कुशल होता है, वह बड़े-बड़े आकर्षणों से दूर रहता है, दृढ़ निश्चयी होते हुए, शुभ और अशुभ दोनों परिणामों में समान भाव रखता है। उसके लिए शत्रु कौन और मित्र कौन? उसे मान क्या, अपमान क्या? वह तो मौन धारण करके जो मिल जाए, उसमें संतोष रखकर एकाकी की भाँति विचरता हुआ सब स्थितियों में समान रहता है। इस भाँति, श्रद्धालु होकर चलने वाला मेरा भक्त है।

अध्याय - 13

क्षेत्र-क्षेत्रज्ञ विभाग योग
(प्रकृति, आत्मा और परमात्मा)

प्रस्तावना :

इस अध्याय में भगवान ने शरीर, शरीर के स्वामी आत्मा और सबके स्वामी अर्थात पूरे ब्रह्माण्ड के मालिक परमात्मा के अंतर को समझाया है। इस अध्याय में, क्षेत्र का अर्थ शरीर और क्षेत्रज्ञ का अर्थ क्षेत्र को जानने वाला उसका स्वामी अर्थात आत्मा है। असंख्य शरीरों और आत्माओं को जानने वाला परमात्मा, सबसे ऊपर होता है और सबका स्वामी है। उसी के इशारे पर सृष्टि चलती है। आत्मा को कहीं-कहीं जीवात्मा भी कहा गया है। तीनों के स्पष्ट भेद को जानने के बाद, मनुष्य जीवन की वास्तविकता को समझने लगता है। वह सांसारिक सुखों को त्याग देता है और अपने मन में, ईश्वर का ध्यान करने का प्रयास करने लगता है।

सारांश :

अर्जुन कहते हैं - हे मधुसूदन! शरीर, प्रकृति, आत्मा, परमात्मा और ज्ञान के बारे में, क्या जानने योग्य है और इन सबका आपस में क्या संबंध है, इस विषय में जानना चाहता हूँ। मेरा मार्गदर्शन करिये।

भगवान श्रीकृष्ण कहते हैं - हे अर्जुन! इस संसार में तीन वस्तुएँ हैं। एक यह शरीर, दूसरा इस शरीर में रहने वाला शरीरी अर्थात आत्मा और तीसरा सर्वत्र मौजूद रहने वाला, पूरे ब्रह्माण्ड का स्वामी परमात्मा। इस शरीर में रहने वाला जो आत्मा रूपी शरीरी है, कभी मरता नहीं और जो शरीर है वह सदा रहता नहीं। आत्मा एक शरीर छोड़ता है और दूसरा धारण कर लेता है, बिल्कुल वैसे ही, जैसे मनुष्य अपने पुराने कपड़े उतार कर नए कपड़े पहन लेता है। आत्मा परमात्मा का ही एक अंश है, पर वह केवल धारण किए हुए, अपने विशिष्ट शरीर को ही जानता है। परमात्मा भिन्न-भिन्न सभी शरीरों और उनमें निवास करने वाली सभी भिन्न-भिन्न आत्माओं, और पूरी सृष्टि को जानने वाला है। सभी पर नियंत्रण रखता है। उसी के इशारे पर सब चलते हैं और वह हर जगह मौजूद है।

हे अर्जुन! तुम्हें शरीर के निर्माण और उसमें लगने वाले पदार्थों के विषय में बताता हूँ। पहले तो पृथ्वी, जल, अग्नि, वायु तथा आकाश ये पाँच महातत्व हैं। फिर अहंकार, बुद्धि तथा प्रकृति के तीनों गुण (सत्व, रज और तम) हैं। इसके बाद पाँच ज्ञानेन्द्रियाँ – नेत्र, नाक, कान, जीभ तथा त्वचा। फिर पाँच कर्मेन्द्रियाँ - वाणी, पाँव, हाथ, गुदा तथा लिंग हैं। इन इन्द्रियों से ऊपर, मन होता है जो शरीर के भीतर सूक्ष्म रूप में होता है। इस तरह मन समेत कुल ग्यारह इन्द्रियाँ होती हैं। फिर इन इन्द्रियों के पाँच विषय हैं – गंध, स्वाद, रूप, स्पर्श तथा ध्वनि। इस तरह इन चौबीस तत्वों के समूह से शरीर बनता है। इस शरीर में जब प्राणशक्ति (चेतना) प्रवाहित होती है, तब इसमें अंतः क्रियाओं से इच्छा, द्वेष, सुख, दुख और धैर्य पैदा होते हैं। इन्हें विकार कहा गया है क्योंकि यही मनुष्य को सारे नाच नचवाते हैं। चौबीस तत्वों और सात विकारों से मिलकर बने पूरे शरीर को कर्मक्षेत्र कहते हैं। यह शरीर, प्रकृति से बना एक अस्थायी और भौतिक वस्तु है। यह प्रकृति के नियमों के अधीन है। इसमें छह प्रकार के परिवर्तन होते हैं। यह उत्पन्न होता है, बढ़ता है, टिकता है, उपजात उत्पन्न करता है, धीरे-धीरे क्षीण होता है और अंत में समाप्त हो जाता है।

हे अर्जुन! हर एक जीवात्मा की अपनी निजी सत्ता होती. है। जीवात्मा जिस शरीर को धारण करती है, उसके कर्मों का भोग, उसे ही भोगना पड़ता है। शरीर प्रकृति के नियमों के अनुसार चलता है। जीवात्मा शरीर

का स्वामी जरूर है, परंतु प्रकृति के ऊपर उसका कोई वश नहीं है। इंद्रियाँ इतनी प्रबल होती हैं कि सदैव तृप्ति के लिए उत्सुक रहती हैं। भौतिक वासना के वशीभूत होकर, जीवात्मा इस मिथ्या जगत पर मुग्ध रहती है। निरंतर एक के बाद दूसरा शरीर, धारण करती रहती है। उसे कभी देवता के रूप में, कभी पशु, कभी जलजन्तु, कभी खटमल और कभी मनुष्य का जन्म लेना पड़ता है। अपनी अज्ञानता के कारण, तरह तरह के भोग भोगता हुआ, जीवन-मरण के चक्र में फँसा रहता है। प्रकृति उसे भौतिक जगत में बार-बार लाती है और सत्कर्म करते हुए, बैकुण्ठ-लोक में प्रवेश करने की तैयारी का पुनः अवसर देती रहती है। जीवात्मा का अंतिम लक्ष्य, परमात्मा से एक होना है। परमात्मा की स्पष्ट जानकारी होने पर, जीवात्मा ईश्वर से प्रेम और भक्ति करते हुए, उनकी सेवा में लग जाती है और धीरे-धीरे परमात्मा से एक होकर, मोक्ष प्राप्त करती है। मोक्ष का अर्थ है – बार-बार के जीवन–मरण के चक्र से छुटकारा पाना।

भगवान श्रीकृष्ण आगे कहते हैं - हे अर्जुन! मैं तुम्हे ज्ञान, और ज्ञान के साधन से, जो साधने की चीज है यानि परमात्मा के विषय में महत्वपूर्ण जानकारी देता हूँ। हे कुंती पुत्र! विनम्रता, अहिंसा, सरलता, पवित्रता, अहंकार न होना, जन्म, मृत्यु, वृद्धावस्था तथा रोगों के दोषों की अनुभूति, स्नेह की प्राकृतिक वस्तुएँ जैसे संतान, पत्नी तथा घर के साथ निष्काम कर्तव्य निभाते हुए, सुख और दुख में समान भावना रखना, ईश्वर के प्रति अनन्य भक्ति व प्रेम रखना, ये सब ज्ञान है और इसके अतिरिक्त जो भी है, वह अज्ञान है। हे अर्जुन! ईश्वर सर्वत्र विद्यमान है। अनादि और अनन्त है। सारी सृष्टियाँ उसी के इशारे पर चलती हैं, उसी से उत्पन्न होती हैं और समय आने पर उसी में विलीन हो जाती हैं। ईश्वर ही उत्पन्न करता है, पालता है और मारता है। इंद्रियों की अद्भुत क्रियाएँ ईश्वर ही कराता है।

हे अर्जुन! प्रभु और उसकी माया, दोनों अनादि काल से चलते आए हैं। माया, जो प्रकृति के ऊपर नृत्य करती रहती है, उसी से विकार और अनेकों बुरे कर्म पैदा होते हैं। माया के ही कारण जीव सुख-दुख, पाप-पुण्य भोगने वाला बनता है। यह परम सत्य है कि ईश्वर की प्रेरणा के बिना, एक पत्ता भी नहीं हिल सकता। इसलिए हे अर्जुन! ज्ञान यह समझने के लिए है कि, देवयोग से जो जीव इस संसार में आ गिरा है, उसे अपनी स्थिति

समझनी है और शरीर, आत्मा और परमात्मा के अंतर को समझकर, ईश्वर में अनन्य भक्ति व प्रेम रखते हुए, इस भवसागर से मुक्त होकर, ईश्वर से एक हो जाने का प्रयास करे।

अध्याय - 14

गुण त्रय विभाग योग
(प्रकृति के तीन गुण)

प्रस्तावना :

इस अध्याय में भगवान श्रीकृष्ण ने अर्जुन को, प्रकृति के तीन गुण सत्व, रज और तम के विषय में बताया है। मनुष्य प्रकृति के इन तीन गुणों के कारण ही, विभिन्न प्रकार के स्वभावों को पाता है और उसी आधार पर मनुष्य की प्रवृत्तियाँ बनती हैं। भगवान ने इन तीनो गुणों के स्वरूप का, उनके कार्य, कारण और शक्ति का तथा वे किस प्रकार, किस अवस्था में, जीवात्मा को कैसे बंधनों में डालते हैं और किस प्रकार इनको पार करके, मनुष्य परमात्मा के नजदीक पहुँच सकता है, इस तरह के सभी पहलुओं को स्पष्ट किया है।

सारांश :

अर्जुन कहते हैं - हे कृष्ण! तुमने कहा है कि स्थितप्रज्ञ बनने के लिए, मन को निर्वात में रखे दीए की ज्योति की तरह स्थिर रखो। अर्थात मन को इधर-उधर न डोलने दो। इसका अर्थ यह हुआ कि कर्म करते समय, मन की जगह बुद्धि की बात पर, मन को बुद्धि के अधीन रखो, यही न।

कृष्ण कहते है - नहीं अर्जुन, बुद्धि पर भी भरोसा करने से खतरा है, इसलिए कि विनाशकाल आने पर मनुष्य की बुद्धि भी विपरीत हो जाती है। अर्थात जब विपरीत समय आता है, तो मनुष्य की बुद्धि ही उसे गलत रास्ते पर ले जाती है।

अर्जुन कहते हैं - हे मधुसूदन! मनुष्य न तो अपनी इच्छानुसार कर्म करे, न ही बुद्धि की सलाह माने, तो फिर बेचारा मनुष्य करे तो क्या करे। ऐसी स्थिति में कोई अपनी प्रवृत्ति के विपरीत जीवन कैसे जी सकता है। हे भगवन! मुक्ति और मोक्ष का रास्ता अपनाने के लिए मनुष्य अपनी प्रवृत्ति को कैसे बदल सकता है, इसका कोई तरीका मुझे बताओ।

कृष्ण कहते हैं - हे पार्थ! प्रवृत्ति को बदलने से पहले, यह जान लेना आवश्यक है कि प्रवृत्ति बनती कैसे है। इसका ज्ञान, अभी तक बताए गए समस्त ज्ञानों से कहीं अधिक श्रेष्ठ है। हे कुंतीनंदन! समस्त योनियों में जितने जीव शरीर धारण करते हैं, उन सबकी माता प्रकृति है और मैं बीज डालने वाला पिता हूँ। हे अर्जुन! मनुष्य जन्म से ही अपने साथ सत्व, रज और तम इन तीन गुणों को लेकर पैदा होता है। सृष्टि की रचना इन तीन गुणों के आधार पर की गई है। इस त्रिगुणात्मक सृष्टि में रहने वाले समस्त प्राणियों में तीनों गुण विद्यमान होते हैं परन्तु हर प्राणी के अंदर इन तीनों में से कोई न कोई एक गुण अधिक प्रधान होता है और जिस गुण की प्रधानता अधिक होती है, उस प्राणी का चरित्र वैसा ही बन जाता है। रजोगुण प्रधान पुरुष को ऐश्वर्य, ठाट-बाट और राज-पाट की लालसा होती है। तमों गुण वाला, आलसी और लापरवाह होता है। द्वेष, क्रोध जैसी नकारात्मक भावनाएँ उसमें कूट-कूटकर भरी होती हैं।

अर्जुन - और सत्व गुण वाला?

कृष्ण कहते हैं - सत्व गुण ही सबसे उत्तम गुण है। सात्विक मनुष्य सीधा और सच्चा होता है। वैसे तो हर मनुष्य के स्वभाव में, तीनों गुण कुछ न कुछ मात्रा में अवश्य होते हैं परन्तु जिस मनुष्य में, जो गुण प्रधान होता है उसका व्यक्तित्व वैसा ही बन जाता है। जिसकी जैसी प्रवृत्ति होती है वैसी ही रुचि बन जाती है अतः हर मनुष्य अपनी प्रवृत्ति और रुचि के अनुसार ही काम करता है।

अर्जुन पूछते हैं - हे कृष्ण! क्या मनुष्य इन प्रवृत्तियों में बदलाव लाकर सुधार कर सकता है?

कृष्ण कहते हैं - हाँ अर्जुन! तीनों गुणों के बीच, प्रधान रहने को प्रतियोगिता निरंतर चलती रहती है। मनुष्य, अन्य जीवों की तुलना में, अधिक चतुर और विवेकशील है। यदि कोई संकल्प कर ले तो अभ्यास द्वारा सतोगुण विकसित कर सकता है। रजोगुण और तमोगुण को परास्त कर सकता है।

अर्जुन कहते हैं - हे मधुसूदन! इन गुणों में रहने वाले मनुष्यों का मरने के बाद क्या होता है?

कृष्ण समझाते हैं - हे पार्थ! जब सतगुण अधिक हो तब यदि मनुष्य मरता है तो वह महर्षियों के निर्मल लोकों में जाता है। रजोगुण बढ़ने पर मृत्यु पाने वाला प्राणी मानव योनि में जन्म लेता है और तमोगुण के बढ़ने पर मरने वाला पशु योनियों में जन्म लेता है।

अर्जुन कहते हैं - हे प्रभु! जो इन तीनों गुणों से ऊपर है उसका आचरण कैसा होता है? उसके लक्षण क्या होते हैं। प्रकृति के तीनों गुणों के पार कैसे जाया सकता है?

योगेश्वर कृष्ण स्पष्ट करते हैं - हे पार्थ! जो मनुष्य अपने पर जो आ पड़े उसका अत्यधिक दुख या सुख न माने या इच्छा न करे अपने गुणानुसार काम करते हुए जिसका मन स्थिर रहता है जो सुख-दुख को समान मानता है जिसके लिए लोहा, पत्थर या सोना एक समान हैं, जिसके लिए प्रिय-अप्रिय जैसी कोई बात नहीं है जिस पर अपनी स्तुति या निन्दा कोई प्रभाव नहीं डाल सकती, जिसके लिए मान-अपमान समान हैं, जो शत्रु-मित्र के प्रति समभाव रखता है ऐसे व्यक्ति को प्रकृति के तीनों गुणों से परे कहते हैं अर्थात इन गुणों के प्रभाव से वह विचलित नहीं हो सकता।

हे अर्जुन! कर्म किए बिना, प्रवृत्ति बिना कोई साँस तक नहीं ले सकता। अतः कर्म तो मनुष्य को करना ही पड़ता है। जो व्यक्ति इन गुणों को पार कर जाना चाहता है वह अपने समस्त कर्मों को मुझे समर्पित कर दे और फल की इच्छा न करे। ऐसा करने से उसके कर्म उसके रास्ते की बाधा नहीं बनते क्योंकि ब्रह्म मैं हूँ, मोक्ष मैं हूँ, सनातन धर्म मैं हूँ और

अनन्त सुख भी मैं ही हूँ। ऐसा मनुष्य परमात्मा से एकाकार होकर चरम सुख पाता है।

प्रबंधन अवधारणाएँ :

श्लोक : 14.5

श्लोक : सत्त्वं रजस्तम् इति गुणाः प्रकृति संभवाः ।
निबध्नन्ति महाबाहो देहे देहिनमव्ययम् ॥ 5 ॥

अर्थ : हे अर्जुन! प्रकृति तीन गुणों से युक्त है। सत्व, रज और तम गुण। जैसे ही जीव प्रकृति के संसर्ग से जन्म लेता है वह प्रकृति के इन तीनों गुणों से बँध जाता है। वह इन तीन गुणों के जादू के वशीभूत होकर ही कार्य करता है।

भगवान श्रीकृष्ण कहते हैं कि प्रकृति के तीन गुणों सत्व, रज और तम की संगति के फलस्वरूप ही मनुष्य के व्यक्तित्व का निर्माण होता है।

आध्यात्मिक स्तर का सुख	➡ सत्व गुण
मानसिक स्तर का सुख	➡ रज गुण
शारीरिक स्तर का सुख	➡ तम गुण

इसमें तम गुण सबसे निचले स्तर पर है, उससे ऊपर रज गुण और सबसे ऊपर और सर्वश्रेष्ठ सत्व गुण होता है। तम गुण मनुष्य को अज्ञानी, माया-मोह से ग्रस्त, इंद्रियों के सुख के पीछे भागने वाला, अहंकारी, आलसी व प्रमादी बनाता है। रज गुण वाला मनुष्य, असीम आकांक्षाओं और तृष्णा

से भरा होता है, सकाम कर्म यानि फल की इच्छा के लिए काम करता है, रुतबा, हैसियत और प्रतिष्ठा की कामना रखता है। सत्व गुण वाला मनुष्य, अधिक ज्ञानी, विवेकशील, रहन-सहन में सुधरा हुआ, भोग विलास के आकर्षण से दूर, बिना फल की इच्छा के सत्कर्म करता रहता है। यूँ तो हर मनुष्य के अंदर तीनों गुण मौजूद रहते हैं लेकिन इन तीनों में से कोई न कोई एक गुण अधिक प्रधान होता है। जिस गुण की प्रधानता अधिक होती है मनुष्य का चरित्र वैसा ही बन जाता है।

ज्ञानी और विवेकशील होने के कारण, मनुष्य यदि चाहे तो, अभ्यास द्वारा नीचे के स्तर के गुण से ऊपर के स्तर वाले गुणों तक जा सकता है। सभी मनुष्यों में ऊँचे स्तर पर जाने की मूल भावना छिपी होती है। यह तभी होता है जब उसे ऊँचे स्तर वाले गुण के रस का स्वाद और प्रेरणा मिलने लगती है। इस तरह मनुष्य ऊपर चलते-चलते सत्व गुण विकसित कर सकता है।

प्रबंधन के क्षेत्र में, नेतृत्व करने की शैली और गुणों के बारे में बहुत कुछ लिखा गया है। व्यापक रूप से यह स्वीकार किया गया है कि एक अच्छे लीडर में "लोगों को उचित और प्रभावी ढंग से सम्भालने (Handling people appropriately and effectively)" का गुण होना चाहिए। स्टैनफोर्ड रिसर्च इंस्टीट्यूट कैलिफोर्निया (Stanford Research Institute, California) ने प्रबंधन रणनीति के रूप में लोगों को समझने और उन्हें उचित रूप से संभालने के महत्व को निम्नानुसार निर्धारित किया है।

महत्व	प्रबंधन रणनीति
12 %	ज्ञान (Knowledge)
88 %	लोगों को उचित तरीके से संभालना (Handling people appropriately)

एक सफल लीडर के लिए आवश्यक है कि वह पहले लोगों के स्वभाव (Nature) को समझ ले, तभी प्रभावी तरीके से उन्हें संभाल सकता है। मनुष्य के इसी स्वभाव की व्याख्या (सत्व, रज और तम गुण) हजारों साल

पहले भगवान श्रीकृष्ण ने भगवद्गीता में किया है। मनुष्य की प्रकृति और "लोगों को संभालने" की कला पर समाजशास्त्र और आधुनिक प्रबंधन में जो भी अवधारणाएँ और सिद्धांत विकसित हुए हैं, वे सभी भगवद्गीता के इसी ज्ञान पर आधारित हैं।

एक अमेरिकी समाजशास्त्री ग्राहम मास्लो ने अपनी 1954 की पुस्तक "मॉटिवेशन एण्ड पर्सनैलिटी (Motivation and personality)" में मानव व्यवहार और प्रेरणा के आधार के रूप में पाँच प्रमुख मानवीय आवश्यकताओं का प्रस्ताव दिया है। बाद में इस सिद्धांत को लोकप्रिय रूप से "मास्लो की आवश्यकता पदानुक्रम (Maslow's Hierarchy of Needs)" के नाम से जाना जाने लगा। जरूरतों का पदानुक्रम एक मनोवैज्ञानिक विचार है और विशेष रूप से समाजशास्त्रीय अनुसंधान में एक मूल्यांकन उपकरण की तरह उपयोग किया जाता है। इसका उपयोग प्रबंधन प्रशिक्षण और उच्च शिक्षा में भी शामिल है। इस सिद्धांत का व्यापक प्रभाव है और इसे विश्वस्तर पर स्वीकार किया गया है क्योंकि यह चीजों को बहुत ही सरल और समझदार तरीके से समझाता है। अधिकांश लोग इन जरूरतों को तुरंत अपने और दूसरों के व्यक्तित्व में पहचान लेते हैं।

मास्लो के अनुसार आवश्यकता पदानुक्रम (Hierarchy of Needs) ढाँचे को नीचे दिखाया गया है।

आत्म – बोध (Self–actualization)
आत्म सम्मान की आवश्यकता (Esteem needs)
प्यार एवं संबंधों की आवश्यकता (Belongingness and love needs)
सुरक्षा की आवश्यकता (Safety needs)
शारीरिक आवश्यकता (Physiological needs)

मास्लो की आवश्यकता पदानुक्रम

मास्लो ने सुझाव दिया है कि व्यक्तिगत जरूरतों को एक पिरामिड के रूप में देखा जा सकता है, जिसमें सबसे बड़ी और सबसे बुनियादी जरूरतें सबसे नीचे, और अधिक प्रेरणा वाली ऊपर दिखायी गई हैं। इस सिद्धान्त के अनुसार, जब तक व्यक्ति प्रथम चरण को प्राप्त नहीं कर लेता तब तक वह दूसरे चरण की प्राप्ति के लिए अग्रसर नहीं होता। अर्थात प्रथम चरण की प्राप्ति के बाद ही उसमें प्रेरणा जगती है कि वह दूसरे चरण की प्राप्ति के हेतु विभिन्न प्रयास करे। समस्त आवश्यकताओं की प्राप्ति क्रमबद्ध तरीके से ही होती है। इसमें व्यक्ति नीचे से ऊपर की ओर बढ़ता है।

1. **शारीरिक आवश्यकता** - मास्लो के अनुसार मनुष्य की प्राथमिक आवश्यकता उसकी शारीरिक संतुष्टि होती है। शारीरिक आवश्यकताओं में भोजन, पानी, वस्त्र, शरीर के आराम के लिये निद्रा आदि। इन सभी आवश्यकताओं की पूर्ति हो जाने के पश्चात मनुष्य अगले चरण की ओर बढ़ता है।

2. **सुरक्षा की आवश्यकता** - एक बार जब शारीरिक जरूरतें पूरी हो जाती हैं तब सुरक्षा की जरूरतें प्राथमिक होकर मानव के स्वभाव पर हावी हो जाती हैं। ये जरूरतें हैं स्वास्थ्य, व्यक्तिगत सुरक्षा और वित्तीय सुरक्षा आदि।

3. **प्यार और संबंधों की आवश्यकता** - मानवीय आवश्यकताओं का तीसरा स्तर पारस्परिक है और इसमें अपनेपन की भावनाएँ शामिल हैं। मनुष्य को दूसरों को प्यार करने और दूसरों से प्यार पाने की जरूरत होती है। ये जरूरतें हैं - परिवार, दोस्ती, विश्वास की भावना, छोटे सामाजिक संबंध आदि।

4. **आत्मसम्मान की आवश्यकता** - प्यार और संबंधों की आवश्यकता की पूर्ति हो जाने के पश्चात, उसे समाज में गौरवपूर्ण तरीके से जीवन यापन करने हेतु आत्मसम्मान की आवश्यकता महसूस होती है। इसके लिए वह दूसरों से अपनी एक अलग पहचान बनाने अर्थात

खुद को विशिष्ट दिखाने का प्रयास करता है। जिसके कारण समाज के सभी लोग उससे प्रेमपूर्वक व्यवहार करें एवं उसका आदर करें।

5. **आत्मबोध** - मास्लो ने आत्मबोध को मनुष्य के लिये सर्वोत्तम माना है। इस स्तर पर व्यक्ति अपनी आंतरिक शक्तियों को जान लेता है और उसे आंतरिक संतुष्टि की प्राप्ति हो जाती है। आत्मबोध का अर्थ है - आत्मा के सत्य को जान लेना। सांसारिक कटुता एवं सत्य को पहचान लेना ही आत्मबोध है। यह मानव विवेक के उच्चतम और पूर्णता (Completeness) के स्तर को दर्शाता है। विश्व के इतिहास पर नज़र डालें तो केवल कुछ महान पुरुषों ने ही इस स्तर को हासिल किया है। उदाहरण के लिए गौतम बुद्ध, गुरु नानक, महात्मा गाँधी, जीसस क्राइस्ट, स्वामी विवेकानन्द, पैगम्बर मोहम्मद, भगवान महावीर, अब्राहम लिंकन आदि। उन्होंने सम्पूर्ण मानवता पर एक स्थायी प्रभाव छोड़ा है और लोगों के मन पर सकारात्मक और प्रेरक प्रभाव डालना जारी रखा है।

हमने देखा कि भगवान श्रीकृष्ण ने भगवद्गीता में बताया कि प्रकृति से जन्मे तीन गुण सत्व, रज और तम सभी मनुष्यों में मौजूद रहते हैं। जिस गुण की प्रधानता अधिक होती है मनुष्य का चरित्र वैसा ही बन जाता है। सभी मनुष्यों में ऊँचे स्तर पर जाने की मूल भावना छिपी होती है। कुछ लोग स्वतः प्रेरित होकर सत्व गुण की ऊँचाई पर पहुँच जाते हैं पर ज्यादातर लोग परिवार या समाज से प्रेरणा लेकर उस ऊँचाई तक पहुँच पाते हैं। मास्लो ने आवश्यकताओं का पदानुक्रम पाँच स्तरों का बनाया है। यह भगवद्गीता में बताए गए प्रकृति के तीन गुणों पर आधारित है। इसे नीचे दर्शाया गया है।

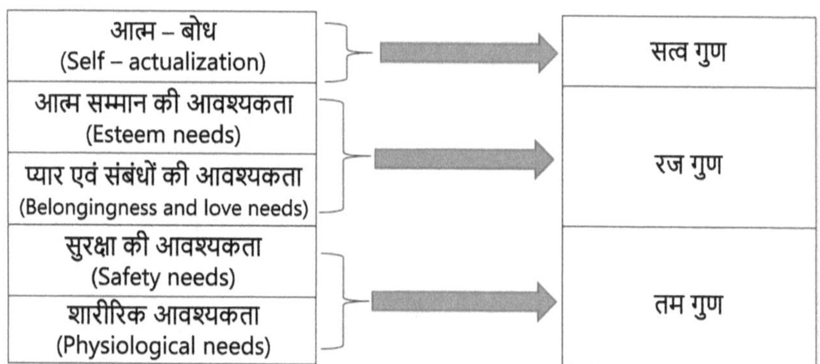

भगवद्गीता का ज्ञान हमेशा, हर देश और हर काल में प्रासंगिक है। गीता के ज्ञान से ही मनुष्य और प्रकृति का कल्याण संभव है।

अध्याय - 15

पुरुषोत्तमयोग
(माया के संसार का स्वरूप)

प्रस्तावना :

इस अध्याय में, भगवान ने अर्जुन को संसार और सृष्टि के स्वरूप के बारे में, पीपल के वृक्ष का उदाहरण लेकर समझाया है। साथ ही यह भी बताया है कि इस लोक में तीन प्रकार के पुरुष हैं। एक यह शरीर जो कि नाशवान है, दूसरा इस शरीर का स्वामी जीवात्मा, जो कि अनश्वर है। यह जीवात्मा भौतिक जगत से संसर्ग करते हुए, निरंतर एक शरीर के बाद दूसरा शरीर धारण करते हुए जन्म-मरण के चक्र में घूमती रहती है। इन दोनों पुरुषों के अतिरिक्त, इनसे ऊपर, तीसरा परम पुरुष परमात्मा है, जो इन सबका पालन करता है और उन्हें, उनके कर्मों के अनुसार भोग की सुविधा प्रदान करता है। वह सर्वशक्तिमान, सर्वव्यापी ईश्वर है, जिसे पुरुषोत्तम कहा गया है।

सारांश :

अर्जुन कहते हैं - हे कृष्ण! आपने कहा है कि यह संसार आपसे ही उत्पन्न हुआ है, आप ही इसके पालक और आप ही इसके संहारक हैं। यह सारी

संसार - वृक्ष

सृष्टि, आपकी ही माया का खेल है। हे केशव! इस माया के संसार का स्वरूप क्या है?

भगवान श्रीकृष्ण कहते हैं - हे पार्थ! यदि तुम अपने ज्ञान-चक्षुओं से देखोगे तो यह पता चलेगा कि यह माया का संसार एक उलटे पीपल के वृक्ष की भाँति है, जिसकी जड़ें ऊपर हैं और टहनियाँ तथा पत्ते नीचे की ओर हैं। अपने अन्तर्चक्षुओं के द्वारा इसे देखो अर्जुन।

अर्जुन कहते हैं - हे केशव! इस संसार-वृक्ष को मैं देख सकता हूँ। इसकी जड़ें ऊपर हैं और तुमसे निकली हैं।

भगवान कहते हैं - हाँ अर्जुन! जैसा मैंने कहा, यह माया का संसार मुझसे ही उत्पन्न हुआ है। इसलिए इसकी जड़ें मुझमें हैं और माया का स्थान क्योंकि मुझसे नीचे है, इसलिए यह पेड़ उल्टा है।

श्री कृष्ण कहते हैं - हे अर्जुन! इस संसार का विस्तार करने वाला होने से, ब्रह्मा इस वृक्ष की मुख्य शाखा हैं, और वेद इसके पत्ते हैं। हे पार्थ! गंध, स्वाद, रूप, स्पर्श तथा ध्वनि ये पाँचों इस वृक्ष की शाखाओं की टहनियों के रूप में हैं। हे पार्थ! इस माया वृक्ष को सत, रज् और तम् तीनो गुणों के जल से सींचा जाता है। आसक्ति का मारा मनुष्य, इसी पेड़ की डालियों में उलझा रहता है। पार्थ! यह वृक्ष अनादि है, अनंत है। यह वृक्ष संसार के माया का प्रतीक है।

अर्जुन कहते हैं - हे मधुसूदन! जब यह पेड़ ही सृष्टि है, तो इसकी विशाल छाया भी हर ओर फैली होगी। तो मनुष्य इसकी छाया से बचकर कैसे रह सकता है?

श्री कृष्ण कहते हैं - हे अर्जुन! यह ठीक है कि यह वृक्ष विशाल है, परन्तु इसका विधाता तो, उससे भी विशाल है। हे अर्जुन! जब तुम ज्ञान और वैराग्य रूपी तलवार से, इस वृक्ष को काट दोगे तब तुम्हें परमात्मा के दर्शन होंगे। वह सर्वव्यापी है। हर जगह मौजूद है। सब में व्याप्त है।

इसलिए पार्थ! तुम मेरी शरण में आओ।

अर्जुन कहते हैं - हे मधुसूदन! तुमने कहा है कि मृत्यु के पश्चात आत्मा को सुख भोगने के लिए स्वर्ग आदि में, अथवा दुःख भोगने के लिए नर्क आदि में जाना पड़ता है। इसका मतलब यह है, कि आत्मा को केवल पृथ्वी

लोक में ही सुख-दुःख नहीं होते, स्वर्ग अथवा नर्क में भी आत्मा को सुख या दुःख भोगने पड़ते हैं।

श्री कृष्ण कहते हैं - नहीं अर्जुन! आत्मा को कहीं, किसी स्थान पर या किसी काल में भी, सुख-दुःख छू नहीं सकते क्योंकि आत्मा तो मुझ अविनाशी परमेश्वर का प्रकाश रूप है।

हे अर्जुन! मैं माया के अधीन नहीं बल्कि माया मेरे अधीन है और सुख-दुःख तो माया की रचना है। इसलिए जब माया, मुझे अपने घेरे में नहीं ले सकती, तो माया के रचे हुए सुख या दुःख, मुझे कैसे छू सकते हैं। सुख-दुःख तो केवल शरीर के भोग हैं। आत्मा के नहीं।

अर्जुन कहते हैं - हे केशव! लगता है तुम मुझे शब्दों के माया जाल में भरमा रहे हो। मान लिया कि सुख-दुःख केवल शरीर के भोग हैं, आत्मा इनसे अलिप्त है। ये जो शरीर उसको भोगता है उसकी तो मृत्यु हो जाती है। ये शरीर तो आगे नहीं जाता। फिर स्वर्ग अथवा नर्क में सुख-दुःख को भोगने कौन जाता है?

कृष्ण कहते हैं – जीवात्मा।

अर्जुन कहते हैं - जीवात्मा?

कृष्ण कहते हैं – हाँ पार्थ! जीवात्मा।

अर्जुन पूँछते हैं – जीवात्मा क्या है केशव?

कृष्ण कहते हैं देखो, जब किसी की मृत्यु होती है, तो असल में, जो बाहर का यह स्थूल शरीर है, केवल वही मरता है। स्थूल शरीर के अन्दर जो सूक्ष्म शरीर है, वह नहीं मरता। वह सूक्ष्म शरीर, आत्मा के प्रकाश को अपने साथ लिए, मृत्यु लोक से निकल कर, दूसरे लोकों को चला जाता है। उसी सूक्ष्म शरीर को जीवात्मा कहते हैं।

अर्जुन कहते हैं - इसका अर्थ है, जब आत्मा एक शरीर को छोड़कर जाती है, तो साथ में जीवात्मा को भी लेकर जाती है।

श्रीकृष्ण समझाते हैं - नहीं अर्जुन! यह व्याख्या इतनी सरल नहीं है। देखो, जैसे समुद्र के अन्दर, जल की बूँद, समुद्र से अलग नहीं है, उसी महासागर का हिस्सा है। वह बूँद, अपने आप सागर से बाहर नहीं जाती। हाँ, यदि कोई उस जल की बूँद को बर्तन में भरकर ले जाए, तो वह समुद्र से अलग दिखाई देती है। इसी प्रकार, सूक्ष्म शरीर रूपी जीवात्मा, उस

आत्मज्योति के टुकड़े को अपने अन्दर रखकर अपने साथ ले जाती है। यही जीवात्मा की यात्रा है। जो एक शरीर से दूसरे शरीर में, एक योनि से दूसरी योनि में विचरण करती रहती है।

हे अर्जुन! जैसे हवा गंध को एक स्थान से दूसरे स्थान तक अपने साथ ले जाती है, उसी प्रकार जीवात्मा, जब एक शरीर को छोड़कर जाती है तो अपने साथ, उसकी पिछली शरीर की वृत्तियाँ, उसके संस्कार, उसके भले-बुरे कर्मों का लेखा-जोखा, अर्थात उसका प्रारब्ध, सूक्ष्म रूप में साथ लेकर जाती है।

अर्जुन पूछते हैं – हे मधुसूदन! क्या कोई ऐसा स्थान नहीं, जहाँ से लौटकर आना न पड़े, और जन्म-मरण का यह चक्र समाप्त हो जाए।

भगवान श्रीकृष्ण कहते हैं – हे अर्जुन! इस संसार में, तीन प्रकार के पुरुष हैं। एक – यह शरीर जो नाशवान है। दूसरा – इस शरीर का मालिक, जीवात्मा जो अनश्वर है, और तीसरा – इन दोनों का स्वामी, उत्तम पुरुष, सर्वशक्तिमान, अविनाशी परमात्मा है, जिसे पुरुषोत्तम कहा गया है। हे अर्जुन! जगत को प्रकाशित करने वाले सूर्य का तेज, चंद्रमा की प्रभा, सब मेरा ही है। मैं ही, समस्त प्राणियों के हृदय में स्थित हूँ। ज्ञानी मनुष्य शरीर, जीवात्मा और परमात्मा के भेद को समझ सकते हैं और मोह रहित होकर, मेरा भजन करते हुए मोक्ष की ओर बढ़ते हैं।

हे अर्जुन! जन्म-मरण का चक्र जहाँ समाप्त होता है ऐसा स्थान केवल परमधाम है। अर्थात मेरा धाम। जहाँ पहुँचने के बाद किसी को लौटकर नहीं आना पड़ता। इसी को मोक्ष कहते हैं।

अध्याय - 16

दैवासुरसम्पद्विभाग योग
(दैवी तथा आसुरी स्वभाव)

प्रस्तावना :

पिछले अध्यायों में, भगवान ने कहा है – "आसुरी और राक्षसी प्रकृति को धारण करने वाले मूढ़ मेरा भजन नहीं करते बल्कि मेरा तिरस्कार करते हैं। वहीं दैवी प्रकृति वाले मनुष्य मुझे आदि व अविनाशी समझकर, प्रेम के साथ निरंतर मेरा भजन करते हैं।" इस पर स्वाभाविक रूप से यह जानने की इच्छा होती है कि दैवीय प्रकृति वाले और आसुरी स्वभाव वाले मनुष्यों के लक्षण क्या हैं? इस अध्याय में भगवान ने दोनों के लक्षण और स्वभाव का, विस्तारपूर्वक वर्णन किया है।

सारांश :

भगवान श्रीकृष्ण कहते हैं - हे भारत! इस लोक में, मनुष्यों के स्वभाव दो प्रकार के होते हैं। एक देवताओं जैसा और दूसरा असुरों जैसा। जब दिव्य गुणों या दैवी प्रवृत्तियों की अधिकता होती है तो मनुष्य का स्वभाव देवताओं जैसा होता है और जब आसुरी गुणों या आसुरी प्रवृत्ति की अधिकता होती

है तो मनुष्य का स्वभाव असुरों जैसा होता है। **सृष्टि में बस मनुष्यों की दो ही जातियाँ हैं, चाहे वह कहीं भी पैदा हुआ हो, कुछ भी कहलाता हो।**

हे अर्जुन! **दैवी स्वभाव वाले मनुष्य के लक्षणों में पहली योग्यता निर्भयता होती है।** फिर स्वच्छ-हृदय, ज्ञान पाने के लिए निरंतर प्रयास करना, दान देना, आत्म-संयम, परोपकार करना, शास्त्रों का अध्ययन करना, तप करना, सरलता, अहिंसा, सत्य के साथ रहना, क्रोध को रोकना, त्याग, शान्ति, दूसरों के दोष न निकालना, समस्त जीवों पर दया करना, लोभ न होना, मन में कोमलता, गलत कार्य करने में लज्जा महसूस करना, किसी प्रयास में विचलित या उदास न होना, निर्बलों की रक्षा करना, क्षमा करना, धैर्य रखना, ईर्ष्या न करना, सम्मान पाने की इच्छा से दूर रहना - ये सभी दैवी स्वभाव वाले मनुष्य के लक्षण हैं।

हे पार्थ! आसुरी स्वभाव वाले मनुष्यों में, अहंकार, घमंड, अभिमान, क्रोध, कठोरता और अज्ञान देखने में आता है।

हे पार्थ! दिव्य गुण मनुष्य को मोक्ष की ओर ले जाते हैं और आसुरी गुण निरंतर जन्म और मृत्यु के चक्र में डालते रहते हैं। हे अर्जुन! तुम्हें चिंता नहीं करनी चाहिए क्योंकि तुम दैवी गुणों से युक्त होकर जन्मे हो।

तत्पश्चात भगवान श्री कृष्ण आसुरी गुणों के विषय में थोड़ा विस्तार से कहते हैं – हे अर्जुन! जो आसुरी हैं, वे यह नहीं जानते कि, क्या करना चाहिए और क्या नहीं करना चाहिए। उनमें न तो पवित्रता, न उचित आचरण और न ही सत्य पाया जाता है। वे कहते हैं कि यह जगत झूठा, निराधार है और इसका नियंत्रण ईश्वर द्वारा नहीं होता। उनका कहना है कि यह स्त्री-पुरुष के संबंध से उत्पन्न होता है, और काम के अतिरिक्त कोई अन्य कारण नहीं है। ऐसे लोगों के कार्य भयानक होते हैं, उनकी बुद्धि मंद होती है, वे अपने दुष्ट विचारों को पकड़े रहते हैं और जगत के नाश के लिए ही उनकी सारी प्रवृत्तियाँ होती हैं। उनकी कमनाओं का अंत नहीं आता। वे गर्व के मद और झूठी शान में डूबे रहते हैं। उनकी चिंता का भी पार नहीं होता। उन्हें नित्य नए भोग चाहिए। वे सैकड़ों आशाओं के महल बुनते रहते हैं और अपनी इच्छाओं की पूर्ति के लिए धन बटोरने में न्याय और अन्याय में भेद नहीं करते।

हे अर्जुन! आसुरी व्यक्ति सोचता है – आज यह पाया और कल वह

और प्राप्त करूँगा, इस शत्रु को आज मारा है कल फिर दूसरे को मारूँगा, मैं बलवान हूँ, मैं सभी वस्तुओं का स्वामी हूँ, मेरे समान दूसरा कौन है, मैं कीर्ति प्राप्ति के लिए यज्ञ करूँगा, दान दूँगा और तरह-तरह के आनन्द मनाऊँगा, यों मन-ही-मन मानता हुआ वह खुश होता रहता है और अंत में मोह-जाल में फँसकर नरकवास पाता है। हे अर्जुन! जो लोग ईर्ष्यालु तथा क्रूर हैं, ईश्वर से द्वेष करते हैं, उन्हें मैं निरंतर, विभिन्न आसुरी योनियों में डालते हुए, भवसागर में घुमाता रहता हूँ।

अर्जुन कहते हैं - हे मधुसूदन! इन्द्रियाँ बड़ी प्रबल होती हैं। विषय-भोग की तरफ खींच ही लेती हैं। भोला-भाला मनुष्य इनकी प्रबल शक्तियों में फँस कर आसुरी प्रवृत्ति का हो सकता है। इस बिचारे मनुष्य को आसुरी गुणों से बचने का कोई तो साधन होगा। हे केशव! ऐसा कोई रास्ता दिखाओ, जिस पर चलकर आसुरी प्रवृत्ति से बचा जा सके।

भगवान कृष्ण कहते हैं - हाँ अर्जुन! ऐसा रास्ता है। आसुरी प्रवृत्ति से नरक में जाने के तीन द्वार हैं – काम, क्रोध तथा लोभ। व्यक्ति को चाहिए कि इन्हें त्याग दे, क्योंकि इनसे आत्मा का पतन होता है। हे कुंती पुत्र! जो व्यक्ति इन तीनों नरक द्वारों से बच जाता है, परोपकारी कार्य करते-करते वह धीरे-धीरे परमात्मा की ओर अग्रसर होता रहता है।

हे अर्जुन! मानव जीवन को सफल बनाने के लिए, मनुष्य को चाहिए, कि शास्त्रों में बनाए गए विधानों (नैतिकता) के अनुसार, क्या करना है और क्या नहीं करना है, आदि का विवेक रखते हुए, निष्काम भाव से कर्म करता चले।

अध्याय - 17

श्रद्धा त्रय विभाग योग
(श्रद्धा के प्रकार)

प्रस्तावना :

पिछले अध्याय के अंत में प्रभु ने शास्त्र विधि से कर्म करने का उपदेश दिया है। शास्त्रों का ज्ञान हर किसी को नहीं होता इसलिए इस अध्याय में, प्रभु ने श्रद्धा पर प्रकाश डाला है, क्योंकि श्रद्धा ही व्यक्ति का असली रूप और स्वभाव दर्शाती है। श्रद्धा से ही भगवान की भक्ति सम्भव होती है। इस अध्याय में श्रद्धा के सभी प्रकार सात्विक, राजसी व तामसिक और इसके प्रभाव से, व्यक्ति की समस्त क्रियाओं जैसे भोजन, दान, तप, तथा यज्ञ के क्या-क्या, अलग-अलग लक्षण और रूप दिखाई देते हैं, इन सबका विस्तार से वर्णन किया है। अंत में "ॐ तत् सत्" की विशेष व्याख्या प्रस्तुत की गई है, जो गीता के श्लोकों में पहली बार आया है।

सारांश :

अर्जुन कहते हैं - हे कृष्ण! कई स्थितियों में व्यक्ति शास्त्रों के विधि-विधान और नियमों को नहीं जानते या समझते हैं फिर भी प्रेम और श्रद्धा से अपनी कल्पना के अनुसार, देवताओं की भक्ति करते रहते हैं। ऐसे में उनकी

स्थिति क्या होगी? उन्हें सफलता मिलती है या फिर उनकी भक्ति व्यर्थ हो जाती है।

भगवान श्रीकृष्ण कहते हैं - हे अर्जुन! श्रद्धा वह सीधा और सरल रास्ता है, जो मनुष्य को प्रेम और शान्ति की ओर ले जाता है। हे अर्जुन! मैंने तुम्हें पहले ही बताया है कि मनुष्य जन्म से ही सत्व, रज और तम इन तीन गुणों को लेकर पैदा होता है। हर प्राणी के अंदर, इन तीनों में से, कोई एक गुण अधिक प्रधान होता है, और जिस गुण की प्रधानता अधिक होती है, उस प्राणी का चरित्र वैसा ही बन जाता है। इस त्रिगुणात्मक सृष्टि में, मनुष्य की श्रद्धा तीन प्रकार की होती है - सात्विक, राजसी और तामसी। इसलिए अपनी-अपनी श्रद्धा के अनुसार, सत्व गुण वाले देवताओं को पूजते हैं, रजो गुण वाले यक्ष, गंधर्व आदि की पूजा करते हैं, और तमो गुण वाले प्राणी भूत-प्रेतों को पूजते हैं।

हे अर्जुन! प्रकृति के भिन्न-भिन्न गुणों के अनुसार भोजन, यज्ञ, तपस्या और दान में भेद होते हैं। वे सब एक से नहीं होते। उन सबके भी तीन-तीन प्रकार हैं।

हे अर्जुन! जिस आहार से आयु, मन की निर्मलता, बल, आरोग्य, सुख और रुचि बढ़ती है, वह आहार सात्विक कहलाता है। जो तीखा, खट्टा, चटपटा और गरम होता है, वह राजस है उससे दुख और रोग उत्पन्न होते हैं। जो भोजन अधपका, रस रहित बासी हो, बदबू करता हो, जूठा हो और अन्य प्रकार से अपवित्र हो, वह तामसी मनुष्यों को प्रिय होता है।

हे अर्जुन! जिस यज्ञ को करने में फल की इच्छा नहीं है, जो स्वाभाविक कर्तव्य समझकर तन्मयता से किया जाता है, वह सात्विक माना जाता है। जिस यज्ञ में, फल की आशा है और दंभ भी है, उसे राजस माना जाता है और जिस यज्ञ में कोई विधि नहीं है, न कुछ उपज है, न कोई मंत्र है, न कोई त्याग है, वह तामस है।

भगवान श्रीकृष्ण तपस्या के भेद समझाते हुए कहते हैं - हे अर्जुन! जिसमे संतों का आदर है, पवित्रता है, ब्रह्मचर्य का पालन है, अहिंसा है, वह शरीर सम्बंधी तप कहा जाता है। क्षुब्ध न करने वाला, सत्य, प्रिय व हितकारक वचन और वेद के अध्ययन का अभ्यास करना, यह वाणी का तप है। मन की प्रसन्नता, सौम्यता, मननशीलता, संयम, शुद्ध भावना, यह

मानसिक तप कहलाता है। फल को न चाहने की इच्छा से, परम श्रद्धा से किए गए, तीन प्रकार के शारीरिक, वाणी तथा मानसिक तप को सात्विक तप कहते हैं। जो तप दंभपूर्वक मान, सत्कार तथा दिखाने के लिए किया जाता है वह राजसी कहलाता है। वह न तो स्थायी होता है, न शाश्वत। मूर्खता के कारण, हठपूर्वक,पीड़ित होकर और दूसरों को नष्ट करने के लिए या कष्ट देने के लिए जो तप किया जाता है, वह तप तामसी कहा गया है।

श्रीकृष्ण दान के विषय में कहते हैं - हे अर्जुन! जो दान कर्तव्य समझकर, किसी प्रत्युपकार की आशा के बिना, उचित समय तथा स्थान में और योग्य व्यक्ति को दिया जाता है वह दान सात्विक माना जाता है। जिस दान में बदले की आशा है, और जिसे देते हुए संकोच हो, वह राजसी कहलाता है तथा जो दान बिना सत्कार के किसी अपवित्र स्थान में, अनुचित समय में, किसी अयोग्य व्यक्ति को दिया जाता है, वह तामसी कहलाता है।

तत्पश्चात् ॐ तत् सत् का स्वरूप बताते हुए योगेश्वर श्रीकृष्ण ने कहा कि ये नाम परमात्मा की याद दिलाते हैं। श्रीकृष्ण कहते हैं - हे अर्जुन! सृष्टि के आदि काल से ॐ तत् सत् ये तीनों शब्द परब्रह्म को सूचित करने के लिए इस्तेमाल किए जाते रहे हैं। अतः मनुष्य को चाहिए कि यज्ञ, दान तथा तप आदि समस्त क्रियायों का शुभारम्भ सदैव ओम् का उच्चारण करके करे। ॐ का मतलब है एकाक्षरी ब्रह्म। तत् का अर्थ है वह और सत् का अर्थ है सत्य, कल्याण रूप। इन सबका मिला जुला अर्थ यह है कि - **ईश्वर एक है, यही है, यही सत्य है, यही कल्याण करने वाला है।** ऐसी भावना रखकर, फल की इच्छा से रहित होकर जो यज्ञ आदि करते हैं, उनकी श्रद्धा सात्विक है और वह शिष्टाचार (शास्त्र-विधि) को न जानने के कारण से या जानते हुए भी, उससे कुछ भिन्न करते हैं, तो भी वह दोषरहित है।

हे अर्जुन! जो कर्म ईश्वर को समर्पित हुए बिना किया जाता है वह श्रद्धा के बिना माना जाता है। वह असत् कहलाता है और वह इस जन्म और अगले जन्म - दोनों में ही व्यर्थ हो जाता है।

अध्याय - 18

मोक्ष संन्यास योग
(उपसंहार)

प्रस्तावना :

यह गीता का अंतिम अध्याय है। वास्तव में गीता, 17 अध्यायों में ही समाप्त हो जाती है। अट्ठारहवाँ अध्याय तो पिछले अध्यायों में, समझाए गए विषयों का पूरक संक्षेप है। अर्थात्, पुन: प्रकाश डालते हुए, सारे उपदेशों का सारांश दिया गया है, जिससे किसी प्रकार का संशय न रहे। पिछले अध्यायों के मनन के बाद अर्जुन के मन में शंका बनी रह जाती है - क्योंकि गीता का सन्यास उसे, प्रचलित सन्यास से भिन्न लगता है। उसे लगता है त्याग और सन्यास दो अलग-अलग चीजें हैं क्या? अर्जुन की इस शंका का निवारण करते हुए, भगवान ने इस अंतिम अध्याय में गीता-ज्ञान का सार दे दिया है।

सारांश :

अर्जुन कहते हैं - हे प्रभु! मैं त्याग और सन्यास के भेद और स्वरूप को जानना चाहता हूँ। भगवान श्रीकृष्ण ने कहा – हे पार्थ! सन्यास और त्याग, मनुष्य के कर्मों पर आधारित होते हैं। कर्म मुख्यत: तीन प्रकार के होते

हैं। भौतिक इच्छाओं की पूर्ति के लिए, मनुष्य अनेक उद्यम रचता है। ऐसे कर्म जो भौतिक इच्छाओं या कामनाओं की पूर्ति के लिए किए जाते हैं, उन्हें कामना वाले अर्थात काम्य-कर्म कहते हैं। दूसरा आवश्यक और स्वाभाविक कर्म है जैसे साँस लेना, शरीर की रक्षा के लिए खाना, पीना, सोना, पहनना, ओढ़ना आदि। और तीसरा कर्म परमार्थिक कहा गया है, जो दूसरों के परोपकार के लिए किया जाता है। हे अर्जुन! इनमें से भौतिक इच्छाओं पर आधारित कर्मों अर्थात **काम्य-कर्मों का त्याग गीता का संन्यास है, और सभी कर्मफलों का त्याग गीता का त्याग है।**

हे अर्जुन! परोपकार के वास्ते किए जाने वाले कर्मों जैसे यज्ञ, दान तथा तपस्या, इन्हें कभी नहीं त्यागना चाहिए। इन सारे कार्यों को किसी प्रकार की आसक्ति या फल की इच्छा के बिना सम्पन्न करते रहना चाहिए।

हे अर्जुन! त्याग तीन तरह के होते हैं। स्वभाव और परिस्थिति के अनुसार अनिवार्य रूप से किए जाने वाले उचित कर्मों जैसे, तप, युद्ध, कृषि, व्यापार, सेवा आदि को निर्धारित (नियत) कर्म कहते हैं। अज्ञान, कुंठा या मोह के तहत नियत कर्मों का त्याग तामसी-त्याग कहा जाता है। देह के कष्ट के ख्याल से, नियत कर्मों का त्याग राजस-त्याग है। जब मनुष्य निर्धारित कर्मों को कर्तव्य मान कर करता है और समस्त भौतिक फलों की इच्छा को त्याग देता है, तो उसका त्याग सात्विक त्याग कहलाता है।

अर्जुन पूछते हैं - हे केशव! तुम्हारी शक्तिशाली माया के वश में जकड़े हुए मनुष्य के लिए, कर्मों का त्याग कैसे सम्भव है? इस प्रकार वह कभी मोक्ष प्राप्त नहीं कर सकता। इसके लिए कोई रास्ता तो होगा?

भगवान कहते हैं - हाँ अर्जुन! निस्संदेह किसी भी देहधारी प्राणी के लिए, समस्त कर्मों का त्याग कर पाना, असम्भव है। इसके लिए हे अर्जुन! मनुष्य को चाहिए कि वह कर्म तो करता रहे, परन्तु कर्मों के फल के प्रति आसक्ति न रखे। इस प्रकार **कर्म त्यागने के स्थान पर आसक्ति का त्याग करता चले।** इस तरह वह धीरे-धीरे मोक्ष की तरफ बढ़ने लगेगा और जन्म-मरण के बन्धन से बाहर निकल सकेगा। मनुष्य के कर्मों का तो अच्छा, बुरा या मिला-जुला फल, मृत्यु के बाद अवश्य मिलता है परन्तु कर्मफल का त्याग करने वाले मनुष्य को कर्मों के फल का सुख-दुख, किसी भी जन्म में, भोगना नहीं पड़ता।

अर्जुन पूछते हैं - हे प्रभु! प्रत्येक कर्म का कुछ न कुछ फल अवश्य होता है, तो फिर यह कैसे सम्भव है कि किसी को कर्म के फलों का सुख-दुख नहीं भोगना पड़ता?

भगवान समझाते हैं - हे पार्थ! इस तथ्य को समझने के लिए, मैं तुम्हे सांख्य दर्शन का उदाहरण देता हूँ। हे अर्जुन! किसी कर्म में सफलता के लिए पाँच कारण होते हैं। कर्म का स्थान यानि शरीर, कर्ता यानि शरीर के भीतर मौजूद आत्मा, कर्म करने के उपकरण यानि इंद्रियाँ, प्रत्येक कर्म के लिए अलग-अलग चेष्टाएँ और हृदय में मित्र के रूप में आसीन परमात्मा जिसकी इच्छा पर ही सारे कार्य कलाप निर्भर रहते हैं। परमेश्वर ही परम कारण हैं। हे अर्जुन! अज्ञानी व्यक्ति, यह नहीं समझता कि परमात्मा उसके अंदर मित्र रूप में बैठा है और उसके कर्मों का संचालन कर रहा है। यद्यपि स्थान, कर्ता, चेष्ठा तथा इंद्रियाँ भौतिक कारण हैं, लेकिन अंतिम (मुख्य) कारण तो स्वयं भगवान हैं। जो परमेश्वर को नहीं देखता, वह अहंकारवश अपने आपको ही कर्ता मान बैठता है परन्तु जो व्यक्ति कर्म करते समय, परम निर्देशक के रूप में परमेश्वर को देखता है, मानता है, वह कभी मोहग्रस्त नहीं होता और प्रत्येक कार्य को पूर्ण करने में सक्षम होता है साथ ही साथ कर्तापन के अभिमान से मुक्त रहता है। ऐसे व्यक्ति को कभी भी कर्मफल का सुख-दुख भोगना नहीं पड़ता।

भगवान कहते हैं - हे पार्थ! दैनिक कार्य करने के लिए पहले प्रेरणा उत्पन्न होती है फिर कर्म किया जाता है। प्रेरणा के तीन घटक हैं - ज्ञाता, ज्ञान और ज्ञेय। इसी तरह कर्म सम्पन्न होने के तीन घटक हैं – कर्म के उपकरण इंद्रियाँ, स्वयं कर्म तथा कर्ता। कर्तव्य के लक्ष्य को तय करने वाले को ज्ञाता कहते हैं। जिस वृत्ति के द्वारा लक्ष्य को तय करते हैं वह ज्ञान है। जिस लक्ष्य को तय करना है यानि ज्ञान के लक्ष्य को ज्ञेय कहते हैं। जब प्रेरणा होती है तब कर्ता सामने आता है। फिर इंद्रियों की सहायता से जिसमें मन सम्मिलित है, वास्तविक कर्म सम्पन्न होता है।

भगवान कहते हैं - हे अर्जुन! मैं ने पहले ही कहा है कि सृष्टि की रचना तीन गुणों सत्व, रज और तम के आधार पर की गई है। इस त्रिगुणात्मक सृष्टि में रहने वाले, समस्त प्राणियों में, तीनों गुण विद्यमान रहते हैं। प्रकृति के इन तीन गुणों के अनुसार ही ज्ञान, कर्म तथा कर्ता के तीन-तीन भेद हैं।

जो व्यक्ति हर जीव में, चाहे वह देवता हो, मनुष्य हो, पशु-पक्षी हो या जल-जन्तु, सभी में एक ही आत्मा को देखता है, उसे सात्विक ज्ञान कहा गया है। प्रत्येक शरीर में जीवनीशक्ति परमेश्वर के कारण होती है। यह जीवनी शक्ति अविनाशी है, परमेश्वर का अंश है। जो भी भेद हैं, इस भिन्न-भिन्न शरीर के कारण हैं। जिसके द्वारा हम हर प्राणी में एक ही भाव (ईश्वर) देखें, अर्थात सब कुछ भिन्न-भिन्न होते हुए भी, गहराई पर उतरने पर सब एक जैसा ही लगे, तो वह सात्विक ज्ञान है।

हे अर्जुन! यह धारणा कि भौतिक शरीर ही जीव है और शरीर के नष्ट होने पर जीव भी नष्ट हो जाता है, वह राजसी ज्ञान है। इनके अनुसार शरीर ही आत्मा है और इससे परे कोई विशेष जीवात्मा या परमात्मा नहीं होता। ये सब धारणाएँ रजोगुण से उत्पन्न हैं।

हे अर्जुन! सामान्य मनुष्य का ज्ञान सदैव तामसी होता है। जो व्यक्ति विभिन्न साधनों से ज्ञान अर्जित नहीं करता, उसका ज्ञान शरीर तक ही सीमित रहता है, उसे सामान्य मनुष्य कहा जाता है। ऐसे ज्ञान का परमसत्य से कोई सम्बंध नहीं होता। यह बहुत कुछ साधारण पशुओं के ज्ञान जैसे खाने, पीने, सोने, रक्षा करने आदि के ज्ञान जैसा है। शरीर को सुखमय बनाए रखने वाले ज्ञान को, तामसी कहा जाता है।

भगवान कहते हैं - हे अर्जुन! ज्ञान के विभाग की भाँति कर्म के भी विभाग हैं। जहाँ फल की इच्छा नहीं है, अहंकार और मोह नहीं है, वह कर्म सात्विक है। जहाँ भोग की इच्छा है, जहाँ "मैं करता हूँ" यह अभिमान है और इससे जहाँ हो-हल्ला है, वह राजस-कर्म है। जहाँ परिणाम की, हानि की, हिंसा की या शक्ति की परवाह नहीं है और जो मोह के वश में होकर किया जाता है, वह तामस कर्म है।

भगवान पुन: कहते हैं - हे अर्जुन! कर्म की भाँति कर्ता भी तीन तरह के समझने चाहिए।

सात्विक कर्ता वह है जो बिना अहंकार के, संकल्प तथा उत्साह के साथ अपना कर्म करता है और अपनी सफलता या असफलता में समान भाव रखता है। जो कर्ता आसक्त होकर, कर्म फलों का भोग करना चाहता है, तथा जो लोभी इष्र्यालु, अपवित्र और सुख-दुख से विचलित होने वाला है, वह राजसी कहा जाता है। जो कर्ता भौतिकवादी, हठी, कपटी तथा अन्यों

का अपमान करने में पटु है तथा जो आलसी, सदैव खिन्नता तथा काम करने में देरी पसंद करता है, वह तमोगुणी कहलाता है।

भगवान कहते हैं - हे अर्जुन! विभिन्न प्रकार की बुद्धि, मन की दृढ़ता और सुख के विषय में, प्रकृति के तीनों गुणों के अनुसार वर्णन करता हूँ।

हे अर्जुन, वह बुद्धि सतोगुणी है, जिसके द्वारा मनुष्य यह जानता है कि उसे क्या करना चाहिए और क्या नहीं करना चाहिए, किससे डरना चाहिए और किससे नहीं। क्या बाँधने वाला है और क्या मुक्ति देने वाला है। जो बुद्धि अच्छे बुरे का भेद बताती है, वह सात्विकी है। जो बुद्धि, धर्म-अधर्म तथा अच्छे बुरे का भेद नहीं कर पाती वह राजसी है। जो, जिस दिशा में काम करना चाहिए सदैव उससे उल्टी दिशा में काम करते हैं, सत्य को असत्य और असत्य को सत्य मानते हैं, उन धर्मों को स्वीकारते हैं जो वास्तव में धर्म नहीं होते, उनकी बुद्धि तामसी कही जाती है।

हे अर्जुन! जो व्यक्ति मन, प्राण तथा इंद्रियों के कार्य कलापों को वश में रखते हुए, परमात्मा में मन लगाता है, उसके मन की दृढ़ता सात्विक होती है। वह किसी भी कारणवश कार्य से विचलित नहीं होता है। जो व्यक्ति धार्मिक या आर्थिक कार्यों में कर्म फलों का आकांक्षी होता है, जिसकी एकमात्र इच्छा इंद्रियों की तृप्ति की होती है, तथा जिसका मन, जीवन तथा इंद्रियाँ तृप्ति के इर्द-गिर्द घूमती रहती हैं, ऐसे व्यक्ति के मन की दृढ़ता को रजोगुणी कहा गया है। जो मन की दृढ़ता, मनुष्य को निंदा, भय, शोक, अधिक सोना, निराशा, भोग, मद वगैरह नहीं छोड़ने देती वह तामसी कही गई है।

हे अर्जुन! प्रकृति के तीन गुणों के अनुसार, तीन प्रकार के सुखों के विषय में सुनो। आत्मा में झाँककर परमात्मा को देखने के लिए, मन तथा इंद्रियों को वश में करते हुए, नाना प्रकार के विधि-विधानों का पालन करना पड़ता है। ये सारी विधियाँ, बहुत कठिन और शुरू में विष के समान कड़वी लगने वाली होती हैं लेकिन जब कोई इन नियमों का पालन करने में सफल हो जाता है, तो उसे परमात्मा के दर्शन अवश्य होते हैं और वह जीवन का अमृततुल्य चरम सुख पाता है। इस तरह, जो प्रारम्भ में विष जैसा लगता है लेकिन अन्त में अमृत के समान सुख देता है वह सात्विक सुख कहलाता है। विषय-भोग जो शुरू में मधुर लगता है पर बाद में जहर के समान हो

जाता है, वह राजस सुख है। जो सुख, परमेश्वर के प्रति अंधा है, जो प्रारम्भ से लेकर अंत तक मोहकारक है और जो निंदा, आलस्य और मोह से उत्पन्न होता है, वह तामसी कहलाता है।

हे अर्जुन! इस लोक में, स्वर्गलोकों में या देवताओं के मध्य कोई भी ऐसा व्यक्ति विद्यमान नहीं है, जो प्रकृति के इन तीनों गुणों से मुक्त हो।

हे अर्जुन! इस प्रकार सब वस्तुओं के तीन हिस्से किए जा सकते हैं। ब्राह्मणादि चार वर्ण भी इन तीनों गुणों के कम या ज्यादा होने के कारण हुए हैं। ब्राह्मण के कर्म में शान्तिप्रियता, आत्मसंयम, तपस्या, पवित्रता, क्षमा, सरलता तथा धार्मिकता होनी चाहिए। क्षत्रियों में वीरता, शक्ति, संकल्प, युद्ध में धैर्य, उदारता तथा नेतृत्व करने की दक्षता होनी चाहिए। खेती, गो रक्षा और व्यापार वैश्य का कर्म है और शूद्र का कर्म श्रम तथा अन्यों की सेवा करना है।

हे अर्जुन! अपना-अपना कर्म करते हुए, परमेश्वर की भक्ति हो जाती है। परमेश्वर की सेवा की भावना से किए गये कर्म, मनुष्य को परमात्मा की ओर ले जाते हैं। इसलिए मनुष्य को, अपने प्राकृतिक स्वभाव से मेल खाते हुए, कर्म करते रहना चाहिए। **कोई भी कर्म छोटा नहीं है, यदि वह परमेश्वर की सेवा की भावना से किया जाए।** जैसे अग्नि के साथ धुँआ होने पर भी, अग्नि हमेशा शुद्ध मानी गई है। वैसे ही, कुछ कमियाँ होने पर भी स्वभावजन्य कार्य उचित माना जाता है। जैसे कसाई, जानवरों को काटकर, उनका मांस बेचकर अपने परिवार का भरण-पोषण करता है तो उसके द्वारा जानवरों का वध गलत नहीं होता, इसका पाप उसे नहीं लगता, क्योंकि यह कार्य उसे प्रकृतिजन्य गुणों के अनुसार मिला है। हे अर्जुन! सहजप्राप्त कर्म, फल की इच्छा के बिना होते हैं इसलिए ऐसे कर्म का दोष नहीं लगता।

भगवान कहते हैं - हे पार्थ! सच्चे संन्यास का अर्थ है कि मनुष्य सदा अपने को परमात्मा का अंश मानकर यह सोचे कि वह परमात्मा का अंश है, इसलिए उसके कार्य का फल भी परमात्मा द्वारा भोगा जाना चाहिए। इस प्रकार वह मन को वश में करके, इंद्रियों की तृप्ति के विषयों के प्रति आसक्त नहीं होता। ऐसा व्यक्ति एकान्तवासी, अल्पाहारी और प्रत्येक मनुष्य के साथ समभाव रखने वाला होता है। अहंकार, काम, क्रोध आदि

कृष्ण की शरण में जाओ

का त्याग कर देता है। उसे ईश्वर का ध्यान बराबर बना रहता है। वह ज्ञानयोगी परमात्मा को पाने योग्य बन जाता है।

हे अर्जुन! एक सच्चा भक्त, अपनी शुद्ध भक्ति के कारण, ईश्वर के दिव्य गुणों तथा रूपों को यथारूप में जान सकता है। मनुष्य, भक्ति द्वारा भगवान को समझ सकता है और अपने व्यक्तित्व समेत उनके धाम में प्रवेश कर सकता है। संन्यास (सांख्ययोग या ज्ञानयोग) के रास्ते ईश्वर प्राप्ति वैसे ही है जैसे समुद्र में मिलने वाली नदियाँ। नदियों का अस्तित्व, समुद्र में मिलने के बाद समाप्त हो जाता है मगर भक्त (साकारवादी) अपने अस्तित्व को उसी प्रकार बनाए रखता है जैसे समुद्र में एक जलचर प्राणी। हे अर्जुन! मेरा शुद्ध भक्त, मेरे संरक्षण में, समस्त प्रकार के कार्यों में लिप्त रहकर भी, मेरी कृपा से अविनाशी धाम को प्राप्त होता है।

भाव विभोर होकर अर्जुन कहते हैं - हे केशव! तुमने मेरे मन में, ज्ञान की ज्योति जलाकर, अज्ञान के अंधेरे को नष्ट कर दिया है। मेरे मन से, मोह और सारे भ्रम के परदे उठ गए हैं। सारे बंधनों से मुक्त होकर, मैं अपने आपको आपके श्री चरणों में समर्पित करता हूँ। मुझे आज्ञा दो कि अब मैं क्या करूँ?

भगवान कहते हैं - हे अर्जुन! अब तुम धर्मक्षेत्र में अपने कर्तव्य को निभाने के लिए आगे बढ़ो। अपना गाँडीव उठाकर, उसकी प्रत्यंचा खींचो और अपने गाँडीव की टंकार से युद्ध की घोषणा करो।

अर्जुन के शरणागत होने के पश्चात भगवद्गीता यहीं पर पूरी हो जाती है। इसके बाद आखिर के पाँच श्लोक संजय ने बोले हैं। संजय का कहना है – महर्षि व्यास जी की कृपा से भगवान श्रीकृष्ण ने अर्जुन को जो उपदेश दिया, उसे मैंने सुना। मैंने भगवान श्रीकृष्ण के अद्भुत विराट रूप को भी देखा और याद करके बार-बार हर्षित हो रहा हूँ। मेरा यह मानना है कि जहाँ योगेश्वर कृष्ण और धनुर्धर अर्जुन रहेंगे वहीं विजयश्री, ऐश्वर्य, अलौकिक शक्तियाँ और नीतियाँ निश्चित रूप से रहेंगी। गीता का अंतिम आदेश समस्त नीतियों और धर्मों का सार वचन है – **"भगवान कृष्ण की भक्ति करो और उनकी शरण में चले जाओ।"** यही अठारहवें अध्याय का सार है।

प्रबंधन अवधारणाएँ :

श्लोक : 18.63, 18.72 और 18.73

श्लोक : इति ते ज्ञानमाख्यातं गुह्याद्गुह्यतरं मया ।
विमृश्यैतदशेषेण यथेच्छसि तथा कुरु ॥ 63 ॥

अर्थ : भगवान श्रीकृष्ण अर्जुन से कहते हैं - इस प्रकार मैंने तुम्हें इस अत्यंत गुह्य ज्ञान का रहस्य बता दिया है। इसके बारे में पूरी तरह से सोचो, जैसा चाहते हो वैसा करो और आगे बढ़ो।

श्लोक : कच्चिदेतच्छुतं पार्थ त्वयैकाग्रेण चेतसा ।
कच्चिदज्ञानसंमोह: प्रनष्टस्ते धनञ्जय ॥ 72 ॥

अर्थ : हे पार्थ! क्या तुमने इस ज्ञान को एकाग्रचित्त होकर सुना? और हे धनञ्जय! क्या तुम्हारा अज्ञान एवं मोह नष्ट हुआ?

श्लोक : नष्टो मोह: स्मृतिर्लब्धा त्वत्प्रसादान्मयाच्युत ।
स्थितोऽस्मि गत संदेहः करिष्ये वचनं तव ॥ 73 ॥

अर्थ : अर्जुन ने कहा - हे कृष्ण! हे अच्युत! अब मेरा मोह दूर हो गया है। आपकी कृपा से मेरी स्मरणशक्ति वापस आ गई है। अब मैं संशयरहित तथा दृढ़ हूँ और आपके आदेशानुसार कर्म करने के लिए तैयार हूँ।

भगवद्गीता में भगवान श्रीकृष्ण ने सब प्रकार से यही उपदेश दिया है कि कैसे कोई व्यक्ति अपने जीवन की गुणवत्ता में सुधार कर सकता है और सफलतापूर्वक लक्ष्यों को प्राप्त कर सकता है। भगवान श्रीकृष्ण अर्जुन से कहते हैं कि गीता का सारा ज्ञान मैंने तुम्हें बतला दिया है, उस पर चिंतन करते हुए आगे जैसी इच्छा हो वैसे करो। मैं जीव की स्वतंत्रता में कभी हस्तक्षेप नहीं करता। भगवान कृष्ण, अर्जुन को एक गुरु के रूप में ज्ञान दे रहे थे, इसलिये पूछते हैं कि अर्जुन तुमने भगवद्गीता पूरी तरह से

समझ ली है या नहीं। यदि नहीं समझी है तो मैं फिर से किसी अंश विशेष या पूरी भगवद्गीता सुनाने को तैयार हूँ।

अब अर्जुन की बारी है कि वे बताएँ कि भगवद्गीता के ज्ञान से उन पर क्या असर पड़ा है। अज्ञान के अंधकार से दूर हुए कि नहीं। अर्जुन कहते हैं - हे प्रभु! आपसे भगवद्गीता का ज्ञान सुनकर मैं समस्त माया-मोह से मुक्त हो गया हूँ। मैं यह भी समझ गया हूँ कि आप मेरे मित्र ही नहीं, बल्कि भगवान हैं। मैं आपके सामने आत्मसमर्पण करता हूँ। आपके आदेशानुसार युद्ध करने को तैयार हूँ।

प्रबंधन के नजरिए से देखें, तो गीता का ज्ञान देने के लिए, भगवान कृष्ण ने अलग-अलग परिस्थितियों में, अलग-अलग नेतृत्व शैलियों का इस्तेमाल किया है। प्रत्येक शिक्षक ज्ञान प्रदान करने के बाद, यह जानने के लिये उत्सुक होता है कि उसके शिष्य ने कितना कुछ सीखा और समझा है। इसी तरह भगवद्गीता का सारा ज्ञान देने के बाद, भगवान श्रीकृष्ण भी अर्जुन से जानना चाहते हैं, कि उन्होंने कितना सीखा है और काबिल बने कि नहीं (यह श्लोक 18.72 में दिया गया है)।

कम्पनियाँ और संस्थाएँ नियमित रूप से अपने कर्मचारियों के लिए प्रशिक्षण और विकास कार्यक्रम आयोजित करते रहते हैं। प्रशिक्षण समाप्त होने के बाद, वे देखते हैं कि कर्मचारियों ने कितना सीखा है। वे कम्पनी के आउटपुट पर इस प्रशिक्षण के प्रभाव का भी आकलन करते है। प्रबंधन की दृष्टि से इसे "रिटर्न ऑन इनवेस्टमेंट (Return On Investment)" कहा जाता है। गीता उपदेशों के निवेश पर प्रतिफल (Return on Investment or ROI) अर्जुन द्वारा श्लोक संख्या 18.73 में बतलाया गया है। अर्जुन ने गीता को पूरी तरह से सीख और समझ लिया है।

भगवद्गीता का सारा ज्ञान देने के बाद, भगवान श्रीकृष्ण अर्जुन को स्वतः निर्णय लेने के लिए स्वतंत्र कर देते हैं, और प्रेरित करते हैं कि अर्जुन! अपनी सोच के अनुसार आगे बढ़ो। यह श्लोक 18.63 में कहा गया है। प्रबंधन के दृष्टिकोण से देखें तो इसे प्रत्यायोजन (Delegation) यानि जिम्मेदारी सौंपना कहते हैं। अब समय आ गया था कि अर्जुन सीख चुके थे और आगे की जिम्मेदारी लेने के काबिल बन गए थे। औद्योगिक क्षेत्रों में

यही होता है। प्रशिक्षण देने के बाद कर्मचारियों को जिम्मेदारी देकर काम पर लगा दिया जाता है।

श्लोक : 18.74, 18.75, 18.76, 18.77 और 18.78

श्लोक : इत्यहं वासुदेवस्य पार्थस्य च महात्मनः ।
संवादमिममश्रौषमद्‌तं रोमहर्षणम् ॥ 74 ॥

अर्थ : संजय ने कहा - इस प्रकार मैंने कृष्ण और अर्जुन दोनों महापुरुषों की वार्ता सुनी। यह ज्ञान इतना अद्भुत है कि मेरे शरीर मे रोमांच हो रहा है।

श्लोक : व्यासप्रसादाच्छुत्वा नेतद्‌ह्यमहं परम् ।
योगं योगेश्वरात्कृष्णात्साक्षात्कथयतः स्वयम् ॥ 75 ॥

अर्थ : व्यास जी की कृपा से मैंने ये परम गोपनीय बातें साक्षात योगेश्वर कृष्ण के मुख से अर्जुन से कही जाती हुई सुनी।

श्लोक : राजन्संस्मृत्य संस्मृत्य संवादमिममद्‌तम् ।
केशवार्जुनयोः पुण्यं हृष्यामि च मुहुर्मुहुः ॥ 76 ॥

अर्थ : हे राजन! जब मैं कृष्ण तथा अर्जुन के मध्य हुई इस आश्चर्यजनक तथा पवित्र वार्ता का बारम्बार स्मरण करता हूँ, तो प्रतिक्षण आह्लाद से गद्गद् हो उठता हूँ।

श्लोक : तच्च संस्मृत्य संस्मृत्य रूपमत्यद्‌तं हरेः ।
विस्मयो मे महान राजन हृष्यामि च पुनः पुनः ॥77॥

अर्थ : हे राजन! भगवान कृष्ण के अद्भुत विराट रूप का स्मरण करते ही मैं अधिकाधिक आश्चर्यचकित हूँ और पुनः-पुनः हर्षित होता रहता हूँ।

श्लोक : यत्र योगेश्वरः कृष्णो यत्र पार्थो धनुर्धरः ।
तत्र श्रीर्विजयो भूतिर्ध्रुवा नीतिर्मतिर्मम ॥78॥

अर्थ : जहाँ योगेश्वर कृष्ण हैं और जहाँ परम धनुर्धर अर्जुन हैं, वहीं ऐश्वर्य, विजय, अलौकिक शक्ति तथा नीति भी निश्चित रूप से रहती है। ऐसा मेरा मत है।

भगवद्गीता के श्लोक 18.73 में अर्जुन ने भगवान कृष्ण को बतलाया कि गीता के ज्ञान से उनका मोह खतम हो गया है और वे युद्ध करने को तैयार हैं। अर्जुन के इस तरह बोलने के बाद भगवद्गीता पूरी हो जाती है। उसके बाद संजय आते हैं। आखिर के पाँच श्लोक संजय ने बोले हैं।

यह बात समझने योग्य है, कि जिस तरह अर्जुन, भगवान कृष्ण को प्रत्यक्षतः देखने और सुनने के लिए भाग्यशाली थे, उसी प्रकार महर्षि व्यासदेव जी की कृपा से, संजय भी दिव्यदृष्टि के सहारे भगवान कृष्ण को देखने और सुनने में समर्थ हो सके। अर्जुन की तरह संजय ने भी पूरी भगवद्गीता सुनी और भगवान कृष्ण के विराट रूप को देखा। संजय कहते हैं- " मैं साक्षी हूँ, उन वचनों का, उन संवादों का, जो भगवान श्रीकृष्ण और अर्जुन के बीच हुए। और भगवान कृष्ण के अद्भुत, विराट रूप का स्मरण करके आश्चर्यचकित और हर्षित हो रहा हूँ। मैंने दुनिया में घटती हुई बहुत बड़ी घटना देखी है। इस अद्भुत ज्ञान का प्रवाह युग-युगांतरों तक चलेगा। व्यास जी की कृपा से मैं भी साक्षी बना।"

भगवद्गीता के आखिरी श्लोक में, संजय ने भगवद्गीता पढ़ने और जीवन में उतारने के चार फायदे बताए हैं। संजय कहते हैं - जहाँ भगवान श्रीकृष्ण और धनुर्धारी अर्जुन हैं, अर्थित जहाँ इन दोनों की भगवद्गीता होगी और पढ़ी जाएगी, वहाँ चार फायदे हमेशा मिलेंगे।

1. लक्ष्मी - वहाँ धन की कमी कभी नहीं होगी।
2. विजय - वह जहाँ जाएगा हमेशा विजयी होगा।
3. अलौकिक शक्ति - कमजोर से कमजोर आदमी भी गीता पढ़ने के बाद शेर बन जाता है।
4. नैतिकता - जो व्यक्ति अपने जीवन में गीता का पालन करेगा, वह

चरित्र, नैतिकता, सिद्धांतों और मूल्यों (सही और गलत के बीच अंतर समझना) के साथ ईमानदार आदमी बनेगा।

यदि हम प्रबंधन के दृष्टिकोण से देखें तो गीता के इस भाग को प्रतिपुष्टि (feedback) के नाम से जाना जाता है। इन अंतिम पाँच श्लोकों में, संजय पूरी भगवद्गीता का फीडबैक दे रहे हैं।

प्रतिपुष्टि (feedback) प्रबंधन का एक महत्वपूर्ण सिद्धान्त है और किसी भी प्रबंधन की प्रक्रिया का अंतिम भाग होता है। फीडबैक नियंत्रण एक तकनीकी है जिसका उपयोग कार्यक्षेत्र में किया जाता है।

फीडबैक हमें ताकत देता है कि यदि हम सही रास्ते पर न हों तो उसमें सुधार ला सकें। यह प्रबंधकों को इस अंतर से अवगत कराता है कि कर्मचारी अपेक्षित कार्य की तुलना में वास्तव में क्या कार्य कर रहे हैं। यह तकनीकी प्रबंधकों को समस्या क्षेत्रों की पहचान करने और उनका समाधान करने में मदद करती है।

फीडबैक का एक उदाहरण - यदि कोई व्यक्ति, किसी वस्तु को जैसे किताब उठाना चाहता है, तो मस्तिष्क हाथ को किताब तक पहुँचने का आदेश देता है और आँखें लगातार मस्तिष्क को फीडबैक देती रहती हैं कि हाथ की स्थिति, किताब के सापेक्ष कहाँ है।

अंत में भगवद्गीता के प्रति कृतज्ञता व्यक्त करने के लिये, मैं, विश्व प्रसिद्ध मैनेजमेंट एक्सपर्ट, और महान मोटीवेटर एण्ड स्पीकर डॉ० विवेक बिंद्रा की ये लाइनें प्रस्तुत कर रहा हूँ।

मेरी हैसियत से ज्यादा, मेरी थाली में तूने परोसा है,
लाख मुश्किलें क्यों न आ जाएँ, मुझे तुझ पर भरोसा है।
जो मुझे मिला वो प्रभु की मेहरबानी थी,
और जो मैंने खोया वो मेरी नादानी थी।

- Dr. Vivek Bindra

"भगवद्गीता सभी ग्रंथों का राजा है।"

ग्रंथों की सूची

1. जयदयाल गोयंदका (सं. 2066): श्रीमद्भगवद् गीता - तत्व विवेचनी, गीता प्रेस गोरखपुर।

2. सुधांशु जी महाराज (2018): श्रीमद्भगवद्गीता - गीतामृत प्रवचन, विश्व जागृति मिशन, दिल्ली।

3. भक्तिवेदांत स्वामी प्रभुपाद (1995): श्रीमद्भगवद्गीता यथारूप, भक्तिवेदांत बुक ट्रस्ट, बम्बई।

4. महात्मा गाँधी (2020): गीता-माता, प्रभात पेपर बैक्स, नई दिल्ली।

5. संस्कृत साहित्य प्रकाशन (2010): श्रीमद भागवत महापुराण, विश्व विजय प्रा० लि०, नई दिल्ली।

6. स्वामी अड़गड़ानन्द (2004): यथार्थ गीता, श्री परमहंस स्वामी अड़गड़ानन्द जी आश्रम ट्रस्ट, मुंबई।

7. लोकमान्य बाल गंगाधर तिलक (2020): श्रीमद्भगवद्गीता, राष्ट्रीय हिन्दी साहित्य परिषद, वर्ल्ड लिट्रेचर इंडिया, जैमिनी प्रिंटिंग सर्विस, नई दिल्ली।

8. डा० राम शंकर तिवारी (2014): श्रीमद्भगवद्गीता के 18 अध्यायों की सहज एवं सरल व्याख्या, पुस्तक महल, नई दिल्ली।

9. शिव खेड़ा (2011): यू कैन विन, मैकमिलन पब्लिशर्स, नई दिल्ली।

10. रुपा पाई (2015) : द गीता फॉर चिल्ड्रेन, अचेत बुक पब्लिशिंग, गुडगाँव।

11. विनोद मल्होत्रा (2013): गीता मैनेजमेंट सूत्र, प्रभात पेपर बैक्स, नई दिल्ली।

12. ई० श्रीनाथ एर्कार्ट और डा० बालाचंदर एर्कार्ट (2015): भगवद्गीता - मैनेजमेंट, मनीमेकलाई प्रसुराम, चेन्नई।

13. स्वामी विवेकानन्द (2019): भगवद्गीता एस व्यूड बाई स्वामी विवेकानन्द, अद्वैत आश्रम, कोलकाता।

14. द 7 हैबिट्स आफ हायली इफेक्टिव पीपुल (2020): स्टीफेनआर कोवी, साइमन एंड शुस्टर यू के लिमिटेड, लंडन।

15. स्वामी विवेकानन्द (2021): गीता और कृष्ण, राष्ट्रीय हिन्दी साहित्य परिषद, वर्ल्ड लिट्रेचर इंडिया, जैमिनी प्रिंटिंग सर्विस, दिल्ली।

16. डा० (श्रीमती) सुधापाण्डेय (2003): कठोपनिषद् तथा श्रीमद्भगवद्गीता का तुलनात्मक अध्ययन, अमृत प्रकाशन, वाराणसी।

17. स्ट्रेटेजिक मैनेजमेंट (1991): इंदिरा गाँधी नेशनल ओपेन युनिवर्सिटी, माधव बुक बाइंडिंग हाउस दिल्ली।

18. मैनेजिंग मेन (1988): इंदिरा गाँधी नेशनल ओपेन युनिवर्सिटी, राजबंधु इण्डस्ट्रियल को, नई दिल्ली।

19. मैनेजमेंट फंक्शंस एण्ड बिहैवियर (1988): इंदिरा गाँधी नेशनल ओपेन युनिवर्सिटी, एलाइड पब्लिशर्स प्रा०लि०, नई दिल्ली।

लेखक के विषय में

श्री दिवाकर मिश्र एम एन आर इंजीनियरिंग कॉलेज इलाहाबाद (अब एमएनएनआईटी इलाहाबाद के रूप में जाना जाता है) के 1978 इलेक्ट्रिकल बैच से इंजीनियरिंग स्नातक हैं। वह एमबीए हैं और उन्होंने 36 वर्षों तक निजी और सार्वजनिक क्षेत्र की कंपनियों में काम करने का औद्योगिक अनुभव प्राप्त किया है। उन्होंने विनिर्माण, वाणिज्यिक, मानव संसाधन प्रबंधन और परियोजना निष्पादन के क्षेत्र में विभिन्न प्रबंधकीय पदों पर साख साबित की है। उनका दृढ़ विश्वास है कि गीता का ज्ञान मानव विचार प्रक्रिया में मूलभूत परिवर्तन लाने में सक्षम है। अपने जीवन और पेशेवर अनुभव से प्रेरित होकर, यह पुस्तक गीता की अंतर्दृष्टि को एक नए और सरल दृष्टिकोण के साथ जन-जन तक पहुँचाने का उनका विनम्र प्रयास है।

www.ingramcontent.com/pod-product-compliance
Lightning Source LLC
Chambersburg PA
CBHW051438130726
47987CB00005B/2099